TOPICAL SPANISH

Carmen B.G. Milne

Longman

Introduction

The aim of *Topical Spanish* is to help fill the gap between a
beginner's and an advanced level course. It should be
useful for a first year 'A' level, an Intermediate or a Stage II
level of some courses and, in general, for anyone with more
than a basic knowledge of the language.

The passages have been taken from Spanish
newspapers, magazines and pamphlets (with just one
exception) and, although the articles have sometimes been
abridged, no attempt has been made to edit individual
paragraphs. For this reason, some peculiar, and at times not
altogether correct expressions and structures crop up in
these passages. Although I have tried to avoid slang, I have
not avoided using passages with very colloquial or
individualistic styles, which reflect language trends in
contemporary Spanish.

The book is divided into 23 chapters, each of which has
two sections: the first consists of one or more passages on
the topic in hand, followed by a page of exercises in
English; the second, which is of a more visual nature as a
rule, expands one or more aspects of the topic and is
followed by exercises in Spanish.

Factual content and vocabulary have been the basis for
the choice of passages in the first section. Students should
be encouraged to read them without any help other than
from the vocabulary of definitions, given in Spanish, on the
facing page. Later, they could be allowed the use of a
dictionary in order to deal efficiently with the exercises. The
pattern followed in these exercises leads from the
comprehension of individual words and expressions into
the comprehension and translation of all or part of the
passage, then to expressions from the text being re-used.
There is a translation into Spanish of a passage on a similar
subject and an essay topic has sometimes been included to
be used as homework material.

The second section of each chapter consists of a more
creative type of exercise. By means of questions and
statements of fact, the student is encouraged to express
original thought orally or in writing on different aspects of
the topic. Controversial points have largely been avoided,
leaving to the teacher's discretion the expansion into issues
which are not always within the grasp of younger students.

Carmen B.G. Milne

Contents

Los niños

Comer fuera sin problemas

El niño no paraba. Arriba y abajo del salón-restaurante. Golpes y gritos en todos los rincones. Y, cuando tenía que comer:«No quiero, no quiero.» Hasta que se levantó uno de los comensales, y —mientras decía, «no se preocupen, soy psicólogo»— se acercó hasta el niño y le dijo algo al oído. El pequeño cesó en sus gritos, subió a su silla y comenzó a comer en silencio. El padre, entusiasmado ante el milagro, preguntó al hijo: «¿Qué te ha dicho este señor?» Y el pequeño respondió casi entre suspiros: «Me ha dicho que como no me calle me atiza una bofetada.»

Tampoco es esto. La psicología tiene otros caminos para que usted lleve a sus pequeños —cuatro o cinco años— a comer fuera, a un restaurante, sin que tenga que pasarlo mal y sin que tengan que pasarlo mal el resto de los clientes del lugar. De acuerdo con que cada niño es distinto y con que, a menudo, no valen reglas fijas para este juego pedagógico. Tómelo, pues, como un juego más entre usted y su hijo.

Lo primero que hay que hacer es escoger el restaurante adecuado. Uno que disponga de rincones, más o menos separados y apartados del centro del salón principal. De esta manera si surge algún contratiempo siempre quedará más oculto. Si, además, el restaurante en cuestión dispone de sillas altas para bebés o de algo que llame la atención de los niños —un acuario, por ejemplo—, entonces, miel sobre hojuelas. Hay que procurar también, a la hora de escoger el restaurante, que éste no tenga una carta demasiado complicada cara a los pequeños. Un menú normal y corriente —el mismo que se puede hallar en la propia casa— será siempre lo más adecuado.

Elija para su hijo —o deje que lo elija él, si está en edad de hacerlo— un plato único y postre. De esta manera se evitará tener que esperar entre plato y plato y nadie perderá la paciencia. Pero aun en el caso de que haya algún tiempo muerto, no estará de más ir provisto de un pequeño libro de pasatiempos infantiles —de esos que se venden en casi todas las papelerías— y del correspondiente lápiz o lápices de colores para asegurar el entretenimiento.

Si el pequeño en cuestión está en sus primeros escarceos con las letras y los números, recorte de antemano unas cartulinas y escriba en ellas los nombres de las cosas que se van a encontrar en el restaurante. Desde comidas hasta palabras como «camarero», «menú», «percha», «tenedor», etcétera.

El país semanal

Vocabulary

comensal (mf) - cada una de las personas que comen
a una mesa
atizar - dar (con violencia)
pedagógico - educativo
contratiempo (m) - accidente
cara a - para
escarceos (m) - tentativas

Exercises

1. Give the English equivalent of:
pasarlo mal, reglas fijas, miel sobre hojuelas, juego pedagógico, tiempo muerto.

2. Translate the first three paragraphs into English.

3. Express differently in Spanish:
a) *el niño no paraba,*
b) *si surge algún contratiempo,*
c) *no estará de más ir provisto de un pequeño libro,*
d) *si el pequeño en cuestión está en sus primeros escarceos con las letras y los números.*

4. Translate into Spanish:
In any toy museum, we can see the deadly weapons[1] of past ages, complementing armies of soldiers dressed in the bright colours of traditional uniforms. Imitation armies are not modern toys but, lately, children's passionate interest in them has reached such alarming proportions that eventually it has provoked some reaction from different governments and the public in general.

In the German Federal Republic, the Toy Retailers' Association has published a recommendation to its members advising them against the sale of war toys[2] and, in Sweden, a law is being drawn up which will control and limit their manufacture. In Madrid, at the opening of the Christmas commercial season, a demonstration was staged by parents and children carrying balloons[3] and singing carols. They held banners with the slogans: 'If we like life, why play with death?' and 'War games : what for?'.

[1]armas (f) mortales　[2]juguetes bélicos　[3]globos (m)

Los niños y los mayores

El país semanal

Vocabulario

piñones (m) - gears
plegable - folding

Desarrollo del tema

1. En español y en sus propias palabras cuente la historieta de la página anterior.

2. ¿Necesitan los niños una 'carta' (*charter*) que los proteja? ¿Por qué y contra quién hay que protejerlos?

3. ¿Puede usted ofrecer una solución imaginativa (distinta de la del 'psicólogo' de la Sección primera) al problema de los niños que no quieren comer?

4. ¿Qué razones puede presentar usted a favor y en contra del castigo corporal de los niños?

5. En una familia en la que la mayor ilusión de la madre es un abrigo de zorros y la del niño una 'bici' de cuatro piñones y plegable ¿cuál cree usted que será la ilusión del padre? Dé razones por extenso.

6. ¿Cuál fue su mayor ilusión de niño? (¿un juguete, un viaje, una fiesta?)

7. ¿De qué forma contribuyen los animales domésticos al desarrollo físico y psicológico de los niños?

8. ¿Cuál es la mejor cualidad en un niño? y ¿cuál es la más desagradable?

9. No todos los niños del mundo van a la escuela. Imagine la vida de un niño de nueve años en un país en donde la educación infantil no existe o no es corriente, y compárela con la de un niño en su propio país.

Tema de conversación

Algunos juegos tradicionales deforman psicológicamente a los niños. (No se olvide de mencionar Monopolio, los juguetes bélicos y las muñecas.)

2

Los espectáculos

"Fiebre del sábado mañana" para ver la película "Grease"

Una verdadera *fiebre del sábado por la mañana* se desató en las proximidades del cine Fuencarral, donde se proyecta la película *Grease*, que protagonizan John Travolta y Olivia Newton-John.

Desde las ocho de la mañana de ayer, sábado, unas trescientas personas esperaban ante la taquilla del cine de la calle de Fuencarral con el fin de obtener entradas para este fin de semana de la segunda película de John Travolta, intérprete catapultado a la fama por su película *Fiebre del sábado noche*.

Fue necesaria la presencia de tres policías armados para poner orden en el tumulto que se formó en la *cola* entre los *fans* de Travolta, que intentaban por todos los medios conseguir entradas. Los incidentes verbales, empujones y otros hechos similares se produjeron en varios momentos entre los componentes de la fila.

Las localidades se agotaron en seguida y al comienzo de las sesiones de la tarde fue notable la existencia de un servicio de reventa a precios muy superiores al costo en taquilla de las localidades.

◄A

El país

ANTONIO SE RETIRA EL AÑO PROXIMO

A sus cincuenta y siete años y veinticinco de bailarín

El bailarín **Antonio** (Antonio Ruiz) se retira oficialmente del baile el año próximo, según ha declarado a la agencia Efe. El hecho se producirá justamente cuando cumpla cincuenta y siete años. Antonio nació en Sevilla, el 4 de noviembre de 1922. En el mismo año cumplirá las bodas de oro con el baile, pues su debut profesional se efectuó en el teatro Duque, de Sevilla, con Rosario, en 1929.

«Antes de mi retirada —sigue diciendo Antonio— tengo que realizar dos giras con mi «ballet», a nivel mundial. La primera de ellas comienza el próximo mes de mayo, en Teherán, de donde pasamos al auditorio de Palma de Mallorca, a Italia, y a fines de junio abrimos la temporada de

Montecarlo, con asistencia de los príncipes de Mónaco. De aquí saltamos a Londres para cumplir dos semanas en el Royal Festival Hall, y luego, tras hacer la Fiesta de la Vendimia de Jerez y alguna plaza española, finalizaremos la gira en el Japón y otros países de Extremo Oriente, a finales de diciembre.»

«Finalmente —termina Antonio—, la gira del año que viene, que culminará mi vida artística, la realizaré por varios países de Iberoamérica, los Estados Unidos y España.» «Antonio y su teatro flamenco» es el nombre del grupo artístico que ha formado, que incluye seis bailarinas, cuatro bailarines, tres cantaores y seis guitarristas.

◄B

ABC

● Montserrat Caballé, máxima especialista en estas reposiciones donizettianas en todo el mundo, da vida a la protagonista de «Parisina d'Este» en una nueva muestra de su arte genial, rodeada del mismo reparto que la semana pasada la ha interpretado en la Opera de Niza, todo él formado por cantantes nacidos en los Països Catalans: el tenor Dalmacio González, el barítono Vicente Sardinero y el bajo Juan Pons, con la dirección musical de Eve Queler.

◄C

Espacios Escénicos S.A.

Vocabulary

desatarse - desencadenarse
agotarse - terminarse
gira (f) - viaje en el que se visitan varias localidades
cantaor (mf) - cantante de flamenco
reposición (f) - representación escénica que no es un
                          estreno
reparto (m) - actores que representan una obra escénica

Exercises

1. What is the English equivalent of:
    *poner en orden, sesiones de tarde, costo en taquilla,
    cumplirá las bodas de oro con el baile.*

2. Answer the following questions:
    a) Why did the police have to intervene outside the
       Fuencarral cinema?
    b) What were the touts selling the tickets for?
    c) With whom did Antonio first dance?
    d) How does he intend to conclude his stage career?
    e) Who are appearing with Montserrat Caballé in
       'Parisina d'Este'?
    f) Where do these singers all come from?

3. Give a) the usual meaning, and b) the meaning in
    context of.
    localidades, plaza, muestra.

4. Translate the first article into English.

5. Translate into Spanish:
    The first time the film *Carrie* was shown on our screens, the
    short performance of an obscure actor called John Travolta
    passed unnoticed by the filmgoers. The film itself was
    dismissed by the critics as one more example of the
    horror-supernatural range of films.
    A few days ago, the film was on again in one of our major
    cinemas, but now, the name of John Travolta preceding the
    title brought in the crowds. What had happened to explain
    this change in the reception accorded to the same film?
    Just one film was enough to catapult John Travolta to
    fame. A second one, *Grease*, consecrated him in it and
    made him the idol of the late Seventies.

Opera

PARISINA D'ESTE

REPARTO

Parisina	**MONTSERRAT CABALLE**
Ugo	**DALMACIO GONZALEZ**
Azzo, Duque de Ferrara	**VICENTE SARDINERO**
Ernesto	**JUAN PONS**
Imelda	**MARIA URIZ**

Coro General

Maestro Director	**EVE QUELER**
Director de Escena	**DIEGO MONJO**
Maestro de Coro	**RICCARDO BOTTINO**
Decorados	**ERCOLE SORMANI**
Maestro Apuntador	**JAIME TRIBO**

ORQUESTA SINFONICA DEL GRAN TEATRO DEL LICEO
(Violines concertinos: ABEL MUS y NESTOR EIDLER)

Vestuario: Izquierdo. Muebles: Miró. Zapatería y peluquería: Damaret-Valldeperas. Atrezzo y armería propiedad de la Empresa.

Los pianos utilizados por los maestros son de «Instrumentos Musicales MTRO ANTONIO COLL - CASA SORS»

Espacios Escénicos S.A.

Desarrollo del tema

1. ¿Cuál de las artes escénicas es su preferida, y por qué?

2. El ballet de Antonio es 'ballet español'. ¿En qué se diferencia del ballet clásico?

3. El teatro era el espectáculo más popular en España durante el 'Siglo de Oro'. Hoy en día es un espectáculo de minorías. ¿A qué se debe este cambio?

4. Con frecuencia se usa la frase 'portarse como una prima donna'. ¿Qué se quiere decir con ella?

5. El cine es una de las formas de arte más populares del siglo actual. ¿A qué atribuye usted este éxito?

6. Dé una corta definición de los tres espectáculos a los que nos hemos referido, es decir: el cine, el ballet y la ópera.

7. ¿En qué aspectos han cambiado las películas del oeste en los últimos años?

8. ¿Cree usted que el gobierno debiera dar subsidios a las artes escénicas?

9. La biografía de Lope de Vega, el más famoso dramaturgo español, es más emocionante que cualquier novela de acción. Recoja los datos más importantes de su vida y, en español, escriba un perfil biográfico de este escritor. (Unas 300 palabras)

10. ¿Qué artes se combinan en una representación operática? ¿Cuál de ellas cree usted que es la más importante?

Tema de conversación

Es una lástima que algunos artistas no sepan cuando retirarse.

3

Una fuente de energía

NUESTROS NIETOS PUEDEN QUEDARSE SIN PETRÓLEO

Dependemos de la energía

Eran las cinco y siete minutos de la tarde del 9 de noviembre de 1965. Acababan de cerrar gran parte de las empresas de Nueva York. Cuando millones de personas se disponían a volver a sus hogares, una zona tan extensa como España, quedó sin suministro eléctrico.

El hecho produjo el colapso en todos los servicios. Trenes, aeropuertos, estaciones de radio y televisión, centrales telefónicas, semáforos, etc., cesaron de funcionar.

En los hogares, luces, electrodomésticos y ascensores se detuvieron. El apagón duró trece horas.

Cuando viajamos en tren o en avión, cuando subimos a un ascensor, encendemos una lámpara, arrancamos un automóvil o abrimos el grifo del agua caliente dependemos de un poder, en cuya intervención −quizá por lo habitual− no reparamos: la energía.

Una energía que, en gran medida, depende del petróleo.

Un hallazgo prometedor

Edwin L. Drake, obrero retirado de los ferrocarriles americanos, perforó en 1859 el primer pozo de petróleo en la ciudad de Oil Creek. Lo encontró a 21 metros de profundidad.

Desde entonces hasta hoy, el petróleo ha ido incrementando su presencia en muchas áreas de la actividad humana. No sólo como combustible, sino también como base de muchos procesos químicos que abarcan desde perfumes a fertilizantes, lubricantes, plásticos, detergentes, medicamentos, etc.

El petróleo, motor del desarrollo

Todo parecía indicar que la nueva fuente de energía recién descubierta iba a constituir una poderosa llave para abrir puertas, hasta entonces cerradas, al desarrollo de la humanidad.

Efectivamente, a lo largo de un período de más de cien años los pueblos de todo el mundo han ido alcanzando cotas de desarrollo insospechadas:

− Desaparecen las cocinas de carbón en los países industrializados.

− Se desarrolla el motor de explosión.

− Se accede a la utilización masiva del automóvil.

− Se triplica el rendimiento de las cosechas gracias a los fertilizantes.

− La esperanza de vida de los europeos aumenta en 15 años.

− Entramos en la era de los plásticos.

− Se generaliza el transporte aéreo.

El bien llamado "oro negro", raíz y motor de este progreso, ha deparado un bienestar sin precedentes a costa de una creciente dependencia de él. En 1979 más de la mitad de toda la energía consumida en el mundo procederá del petróleo.

Pero el petróleo es una energía no renovable

A diferencia del agua, del viento, de la madera o del mismo sol, el petróleo, el gas natural y el carbón, son fuentes no renovables.

El petróleo es un líquido almacenado en una bolsa subterránea, tras un proceso de formación que dura millones y millones de años. Se estima que las reservas mundiales de petróleo, aunque no crezca el ritmo de consumo actual, se agotarán en menos de cincuenta años.

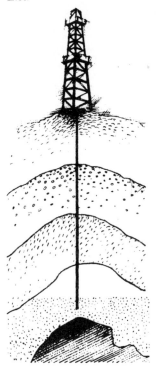

El país semanal

Vocabulary

reparar - notar
hallazgo (m) - descubrimiento
abarcar - incluir
cota (f) - el nivel
acceder - llegar

Exercises

1. Give the English equivalent of:
    suministro eléctrico, electrodomésticos, semáforos, el motor de explosión, la esperanza de vida.

2. Read carefully the passage on the opposite page and answer the following questions:
    a) What were the terrible results of the 1965 power cuts in New York?
    b) State three important areas of development in the modern world.
    c) How much of the energy used today is based on oil?
    d) Why are oil reserves becoming scarce?

3. Express differently in Spanish:
    a) *el hecho produjo el colapso en todos los servicios,*
    b) *cuando arrancamos un automóvil . . .,*
    c) *aunque no crezca el ritmo del consumo actual.*

4. Translate the passage into English.

5. Translate into Spanish:
    At the root of the periodic oil crises are two facts which cannot be altered by human industry. One is the concentration of oil reserves in just a few areas, of which the United States, the Soviet Union, Venezuela, Mexico and, of course, the Middle East are the most important. The other is the lengthy process needed to form an oil field, literally millions of years. Even in the most optimistic mood, we can envisage a future in which the supply of oil can no longer meet the demand.

    Governments have already started a series of economy measures aimed at bringing down oil consumption. Research goes ahead for alternative sources of energy, but it is going to be a difficult task to discover one which can compete with oil insofar as price, safety, and simplicity of use are concerned.

AHORRE ENERGIA
vigile el consumo de su coche

A cualquier desajuste en el motor, corresponde un mayor consumo.
El carburador mal reglado o las bujías en mal estado, reducen el rendimiento del motor.
Compruebe su puesta a punto, o haga que se lo "chequeen" en un taller.

Buen mantenimiento, representa menor consumo.
Efectúe regularmente el engrase y cambio de aceite.

Cuando tenga que cambiar los neumáticos, recuerde que los radiales rinden más y ofrecen menor resistencia a la rodadura.
Vigile también la presión de las ruedas.
Por razones de seguridad... y economía.

Durante cualquier viaje, compruebe el consumo de gasolina en 100 kilómetros, y compárelo con el que tenía su coche en origen.
Así sabrá si ha aumentado y necesita una revisión, o si debe cambiar de coche.

Ahorre energía.
Aunque Vd. pueda pagarla.
España no puede.

Centro de Estudios de la Energía.

Cambio

Vocabulario

bujías (f) - sparking plugs
engrase (m) - lubrication
rodadura (f) - wheel motion

Desarrollo del tema

1. En la página anterior, el anuncio da cuatro consejos para ahorrar gastos de coche. Siguiendo las letras del abecedario, dé usted otros consejos prácticos de ahorro y mantenimiento.

2. El petróleo es una fuente de energía, pero no es la única. ¿Puede usted mencionar otras tres fuentes de energía y su aplicación?

3. ¿Qué piensa usted de los centrales nucleares como fuentes de energía eléctrica? ¿Qué ventajas tienen y qué inconvenientes?

4. ¿Qué fuentes de energía siguen aún sin explotar o poco explotadas?

5. Un pantano en España tiene muchas funciones, entre otras la producción de energía eléctrica. Describa por extenso las otras funciones.

6. Hoy en día todos los coches funcionan con gasolina o con algún derivado del petróleo, pero no siempre ha sido así. ¿Qué carburantes se usaron en el pasado? ¿Qué otros podrían usarse en el futuro?

7. ¿Qué leyes podría dar el gobierno de su país para conseguir el ahorro de energía:
   a) en los colegios?
   b) en los comercios?
   c) en los vehículos?

8. En su propia casa ¿qué forma de energía es la que más se usa, y por qué?

Tema de conversación

'Ir a pie y montar en bicicleta son las mejores soluciones al problema de la crisis del petróleo.' ¿Está usted de acuerdo con esta declaración? Exponga sus ideas.

4

La autopista

SE ABRE AL TRAFICO EL TRAMO GALLUR-TUDELA DE LA «AUTOPISTA DEL EBRO»

En septiembre se piensa poner en circulación hasta Alfaro

(Redacción). —El tema de las autopistas sigue su marcha prevista. Los cuatro meses de retraso con los que se inauguró el tramo comprendido entre Zaragoza y Gallur de la Autopista del Ebro se ha mantenido en otro de los tramos que está pronto a terminarse e inaugurarse.

Cuatro meses después de la fecha prevista, este fin de semana o quizás el próximo va a ser abierto al tráfico el tramo de autopista comprendido entre Gallur, hasta donde llega la apertura de este momento, y Tudela. El tramo que se abre este mismo mes no enlaza aún con la autopista de Navarra, pero queda de la misma a unos quince kilómetros.

Según nos han dicho fuentes de la misma concesionaria, se espera que a finales de septiembre esté concluido el tramo que va desde Tudela hasta Alfaro, que ya tiene realizada gran parte de su infraestructura y

solamente le queda por ser «vestido» con los elementos de seguridad, señalización, etcétera.

El tramo que se abre en este mismo mes tiene una longitud de poco las dos salidas de Gallur y la de Tudela. En estos momentos, una población como Tarazona queda distante poco más de los 17 kilómetros de la autopista del Ebro.

▲
A
Heraldo de Aragón

Ecologistas, Movimiento Ciudadano y PSOE, de acuerdo

Fuerte oposición a las futuras autopistas de Guadalajara y Toledo

La asociación ecologista Aepden convocó ayer a la mayor parte de las asociaciones de vecinos de las zonas afectadas por el proyecto de construcción de las nuevas autopistas II y IV, Guadalajara y Toledo, a fin de darles a conocer sus razonamientos de oposición a éstas.

El proyecto de construcción de las autopistas ya mencionadas ha obtenido además la contestación seria del PSOE, que opina que ello no contribuiría a

descongestionar el tráfico de estas dos áreas, al tiempo que favorece al transporte privado sobre el transporte público y en autopistas que serían de peaje.

◄B
El país

14

Vocabulary

tramo (m) - sección de terreno
concesionaria (f) - compañía que produce algo con
permiso de otra
PSOE - Partido Socialista Obrero Español
peaje (m) - dinero que se paga por el uso de una obra
pública (carretera, puente)

Exercises

1. Give the English equivalent of:
   autopista, tramo, la marcha prevista, abierto al tráfico, asociaciones de vecinos.

2. Give a) the usual meaning, and b) the meaning in context of:
   vestido, queda a, contestación.

3. Translate the first passage into English.

4. Translate into Spanish:
   a) The section of road between Zaragoza and Gallur was opened to traffic, but four months late.
   b) It is hoped that, by the end of September, the section linking Tudela and Alfaro will be finished.
   c) The town of Tarazona is about 30 km from Zaragoza.
   d) The Guadalajara to Toledo motorway will not help to clear up the traffic jams in those areas.

5. Translate into Spanish:
   Travellers full of romantic ideas still dream of yesteryear when journeys progressed without undue haste along uncrowded roads. Rows of handsome sycamores or beech trees offered shade in the summer or a robust border in winter. One hundred kilometres could 'last' for days and it was considered strenuous enough to require complete rest on arrival at the destination. Today, the member of Parliament or the businessman accepts as part of the daily routine a 'stroll' of some hundred kilometres to the nearest airport and a short flight to one of the political or business centres of the country. Mission accomplished or work finished, he will return home in time for dinner to be, no doubt, received with the traditional complaint: 'You're late'.

Areas de servicio en autopistas

AREAS DE REPOSO

Pueden utilizarse para tomar un pequeño descanso durante el viaje. Los ASEOS GRATUITOS los encontrará en todas las Areas de Servicio y, en caso de urgente necesidad, en las estaciones de peaje.

En caso de AVERIA o ENFERMEDAD, puede pararse en el arcén, señalizando el vehículo de acuerdo con las normas del Código de Circulación y levantando la tapa del motor.

CIRCULACION

No se detenga jamás en un carril de circulación.

Respete estrictamente la señalización.

Circule por la derecha.

No invierta, bajo ningún concepto, el sentido de la marcha: es muy peligroso y está terminantemente prohibido por el Código.

Todo el personal de la autopista está a su servicio para prestarle ayuda en cualquier circunstancia. Por favor, atienda siempre sus indicaciones para una mejor y más fluida circulación.

PEAJE

Es obligatorio detenerse en las estaciones de peaje para pagar el peaje, ó recoger el billete de tránsito, según el caso.

Le rogamos no doble ni rasgue el billete de tránsito. El extravío del mismo supone el pago del recorrido más largo posible.

Para su comodidad, procure llevar el importe exacto del peaje.

En todas las cabinas de peaje puede solicitar las tarifas de peaje vigentes.

LA AUTOPISTA ES SERVICIO

Vd. no viaja solo.

Su seguridad queda garantizada por un especializado servicio de vigilancia y asistencia que, a través de los Postes de Auxilio (S.O.S.) colocados aproximadamente cada 2 km., está permanentemente alerta para solventar su circunstancia adversa.

La asistencia es total:

- Policía.
- Auxilio mecánico en ruta.
- Remolque del vehículo averiado.
- Ambulancia y servicios sanitarios.

AREAS DE SERVICIO EN AUTOPISTAS

Donde encontrará:

- su cafetería
- su restaurante
- su periódico
- cambio de moneda
- su pequeño "drugstore"
- amplia zona de descanso
- Aseos gratuitos.
- Servicio telefónico.

Y para su coche:

- carburante (90 n.o., 96 n.o., 98 n.o.)
- accesorios y repuestos
- verificación gratuita de la presión de los neumáticos
- asistencia técnica.

En nuestra Area de la Junquera, situada junto a la frontera francesa, le ofrecemos además:

- Oficina de Cambio de Moneda.
- Carta Verde.
- Taller mecánico.

Vocabulario

arcén (m) - hard shoulder

Desarrollo del tema

1   En la página anterior, identifique los objetos diseñados sobre el anuncio de Area de Servicio y diga qué significan.

2. En algunos paises se costean las autopistas y otras obras públicas por medio de los peajes y en otros por medio de los impuestos generales. ¿Qué sistema le parece mejor?

3. Lea usted la lista que encontrará en las áreas de servicio de las autopistas y diga:
    a) cuál de los servicios le parece más importante, y por qué.
    b) cuál en su opinión no es necesario.
    c) un servicio que no esté en la lista pero que le gustaría verlo incluido.

4. El área de la Junquera está junto a Francia. Explique por qué necesita:
    a) La Oficina de Cambio de Moneda y
    b) La Oficina de la Carta Verde.

5. En español exponga las reglas principales de circulación por una autopista.

6. Lea cuidadosamente el pasaje titulado 'La autopista es servicio' y en sus propias palabras explique qué clases de auxilio recibirá usted en caso de cualquier dificultad.

7. ¿Por qué cree usted que hay tanta gente que se opone a la construcción de autopistas? ¿De qué manera pueden perjudicar éstas a una ciudad o región?

8. ¿Qué condiciones meteorológicas son especialmente peligrosas en una autopista?

Tema de conversación

Alternativas a las autopistas: la carretera tradicional, el helicóptero, los trenes.

La vivienda

El problema de la vivienda en Madrid

En el área madrileña, medio millón de personas esperan realojamiento.

Las proporciones adquiridas por este problema en Madrid últimamente y sus características especiales merecen que lo examinemos independientemente de los problemas similares que sufren las otras grandes aglomeraciones urbanas españolas.

Según la COPLACO (una cooperativa de viviendas) medio millón de personas necesitan nuevas viviendas dentro del casco urbano de Madrid. Entre ellos, 120,000 casos se consideran urgentes.

Lo que para simplificar se llama «falta de pisos» comprende una serie de problemas cada uno de los cuales requiere una solución distinta aunque no siempre independiente.

Hay auténtica escasez de viviendas, pero otros problemas afines y casi tan importantes son el precio de las mismas, la mala calidad de las nuevas contrucciones y el deterioro de algunos barrios antiguos el cual, de no atajarse, ocasionará el aumento de las cifras estadísticas de personas necesitadas de vivienda.

El problema fundamental sigue siendo el de los precios elevadísimos de las viviendas existentes como resultado, no sólo de la especulación de solares y terrenos, un mal muy extendido en las grandes concentraciones urbanas, sino también de la falta de una planificación adecuada y de una ayuda financiera estatal.

A

Cada vez son más los chinos que viven bajo tierra

Muchos chinos han comenzado a vivir, trabajar y descansar bajo tierra, informó ayer la agencia de noticias Nueva China.

Hoteles, almacenes comerciales, hospitales, restaurantes, teatros, talleres y otros establecimientos comerciales han sido construidos o están siendo construidos bajo tierra en Pekín y en otras ciudades chinas.

La agencia oficial de noticias china informó que los edificios sirven «para ahorrar suelo urbano y pueden utilizarse como refugios en tiempos de guerra».

Los residentes de estas construcciones subterráneas de Pekín manifiestan que «estos edificios tienen aire fresco y están exentos de los ruidos urbanos de forma que las personas que los habitan pueden descansar a gusto».

Las instalaciones subterráneas fueron programadas «para tiempos de paz o épocas de guerra», declaró a la agencia un portavoz del departamento de obras municipal.

B

El país

Vocabulary

realojamiento (m) - dar vivienda a quien vive en una casa en malas condiciones
casco urbano (m) - conjunto de edificios de una ciudad
afines - relacionados
atajarse - parar, detener
solar (m) - lugar destinado a la construcción de edificios

Exercises

1. Give the English equivalent of:
   aglomeraciones urbanas, los precios elevadísimos de las viviendas existentes, falta de planificación, ahorrar suelo urbano, están exentos de los ruidos urbanos.

2. Read the first passage carefully and answer the following questions:
   a) Why should we examine this problem away from similar problems in other Spanish cities?
   b) What problems are at the root of the housing crisis in Madrid?
   c) What is the main problem and what are its causes?

3. Translate the second passage into English.

4. Translate into Spanish:
   In a recent survey carried out by a leading magazine specialising in furniture and decor, readers were asked to answer questions about their ideal home and their actual house. The general complaint about the overall size of their flats didn't come as a surprise. Over half of them lived in flats less than 90 metres square with a considerable proportion of the space occupied by one or more balconies. Other common complaints were the poor design resulting in a lack of proper separation between the reception and the sleeping areas, as well as the wasted space of an unnecessarily large hall.
   And their ideal flat?
   Well, one understands their wanting a larger, lighter flat, a cloakroom as well as a bathroom, preferably two bathrooms and individual central heating. But, in spite of its apparent uselessness in view of Spanish weather extremes, 70% declared that they preferred a flat with a large balcony.

El domicilio

● **¿Cómo es la casa "habitual"? Semi-nueva, tres dormitorios, noventa metros cuadrados.**

● **¿Quejas? No faltan: elevado precio, hostil entorno, mala distribución, falta de espacio...**

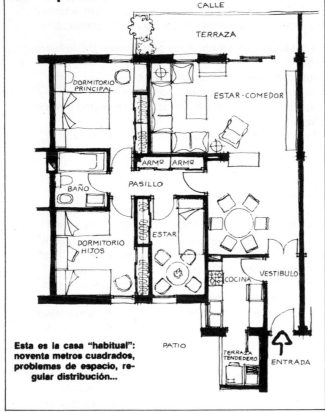

Esta es la casa "habitual": noventa metros cuadrados, problemas de espacio, regular distribución...

◄ A

Nuevo Estilo

Desarrollo del tema

1. ¿Qué inconvenientes encuentra usted en el plano de la casa 'habitual'?

2. En España, la mayor parte de la gente vive en un piso mientras que, en otros países, la gente vive en casitas con jardín. ¿Qué clase de vivienda cree usted que es preferible, y por qué?

3. La casa-palacio del anuncio pudiera ser la casa de sus sueños. Teniendo en cuenta los datos mencionados en el anuncio, descríbala en español con sus propias palabras.

4. Describa los trabajos domésticos necesarios para mantener limpio el piso del anuncio.

5. ¿Qué electrodomésticos se usan hoy día para: guisar, lavar la vajilla, limpiar las alfombras, lavar la ropa?

6. ¿Para qué sirven los siguientes instrumentos: un abrelatas, un sacacorchos, una batidora, una plancha, una olla a presión?

7. ¿Qué muebles le parecen más necesarios, y cuáles más inútiles?

8. Describa y contraste las características más importantes de una casa en un país muy frío y en un país de clima templado.

9. ¿De qué forma cree usted que debiera intervenir un gobierno para solucionar el problema de la vivienda?

10. Cuente sus experiencias en un camping, campamento de montaña, etc. ¿En qué se diferencia la vida en estos lugares de la que se hace en una casa?

Tema de conversación

Los sistemas modernos de calefacción han ejercido gran influencia sobre el diseño de las viviendas.

6

Un avión a una nariz pegado

Frente a su asiento encontrará un impreso para que le regalen una corbata con una corona bordada y una gran C.
Está usted en el Concorde.

El 21 de mayo de 1927, Charles Lindberg realizaba el vuelo París-Nueva York en 33 horas y media de vuelo. Cincuenta años después, tras diez años de combate técnico, cinco de lucha comercial y diecisiete meses de batallas jurídicas, el Concorde realizaba este vuelo en tres horas y media, la décima parte del tiempo.

¿Qué es el Concorde? Construido en colaboración por las compañías Aerospatiale, de Francia, y British Aircraft Corporation, del Reino Unido, es el primer avión supersónico comercial. Esto es, el único avión de transporte de pasajeros que realiza vuelos transatlánticos a una velocidad superior a la del sonido, unos 2.200 kilómetros por hora.

¿Cómo es? Quizá es la silueta afilada de este bello pájaro, su característica más conocida. Su fuselaje, casi tan largo como el del B-747, es de una anchura mínima en la cabina (2,87 metros para una longitud de 62,10 metros), y está construido en una aleación especial de aluminio (el AU2GN), capaz de soportar, durante el vuelo, temperaturas superiores a cien grados.

El ala en delta, en su variante de ala neogótica, da al avión el aspecto de una flecha, capaz de penetrar el cielo a velocidades supersónicas conservando la rigidez estructural necesaria para darle una gran solidez y estabilidad, y el morro, en fin, cuya esbeltez aumenta su longitud y le resta visibilidad y por esta razón es móvil. A bajas velocidades (aterrizajes y despegues), en las que la posición del avión es empinada, el morro se abate como el pico de un auténtico pájaro y el avión se posa sobre el cojín de aire formado por sus alas.

¿Quién lo usa? La cabina de pasajeros con sus 39,32 metros, sus cien plazas y sus 92 ventanillas de cristal L202, va normalmente ocupada por quien usted se imagina: el 65% de los pasajeros hace viajes de negocios; el 60% son americanos y el 20% franceses; el 80% hombres, el 55% tiene menos de 45 años y el 66% viaja en primera clase. ¡Estos seres privilegiados comen con cubiertos de Bouillet Bourdelle, son atendidos por azafatas vestidas por Patou, y en la sala de espera del aeropuerto beben champaña y hablan por teléfono con Australia como si fuera cualquier cosa!

El país semanal

Vocabulary

morro (m) - parte delantera del avión
abatir - bajar
azafata (f) - señorita que cuida de los pasajeros
aterrizaje (m) - acción y momento de tocar tierra
despegue (m) - acción y momento de dejar tierra

Exercises

1. Give the English equivalent of:
   batallas jurídicas, una velocidad superior a la del sonido, silueta afilada, ala en delta, le resta visibilidad, el cojín de aire, la cabina de pasajeros.

2. Read the passage on the previous page carefully and answer the following questions:
   a) How long does Concorde take on its transatlantic flight?
   b) What does Concorde look like?
   c) What is it made of, and what are the most important characteristics of the main material?
   d) How does its nose operate?

3. Translate the passage into English.

4. Give the Spanish equivalent of:
   first flight, makes it look like, temperatures above 100°C, low speeds.

5. Translate into Spanish:
   Yesterday morning at Zaragoza airport, just as he was on the point of boarding the commuter aeroplane for Madrid, the M.P. for Teruel, señor Martinez de Polo, suffered an unfortunate accident which prevented him from taking part in the long-awaited debate on air-cargo regulations.
   Sr. Martinez de Polo, who flies twice weekly to Madrid from his constituency, was walking alongside the other passengers towards the aircraft when he stumbled over his own umbrella and fell down heavily. He was helped into the plane by fellow-passengers and was given first-aid[1] treatment by one of the stewardesses.

[1]cura de urgencia

El Concorde

EL CONCORDE, EN BARCELONA, POR PRIMERA VEZ

VUELO HISTORICO BARCELONA - NUEVA YORK

Hoy, a las 22 horas, tomará tierra en Barcelona el avión supersónico CONCORDE de la Compañía British Airways.

El Grupo Banca Catalana-Banco Industrial de Cataluña lo han fletado para un vuelo en exclusiva Barcelona-Nueva York, cuyos viajeros son suscriptores de la 25. emisión de Bonos de Caja del Banco Industrial de Cataluña.

El Ayuntamiento de Barcelona, la Dirección del Aeropuerto y el Grupo Bancario promotor, han preparado una recepción oficial en el Salón de Autoridades del Aeropuerto, a las 22 horas de hoy.

El despegue está previsto para mañana, domingo, día 25, a las 8.15 h.

Este vuelo tiene para Barcelona y Cataluña una trascendencia resaltada por el hecho de que en él viajen el Excmo. Sr. Alcalde y otras autoridades municipales, acompañados por altos directivos del Grupo Banca Catalana-Banco Industrial de Cataluña, que serán recibidos a la llegada, por el Alcalde de Nueva York.

La Vanguardia

Desarrollo del tema

1. El Concorde ha sido calificado como 'el producto del supercapitalismo más irracional' y 'el avión del futuro, maravilla de la técnica europea'. Describa las características de este avión que ha dado lugar a tan opuestas opiniones.

2. Aunque no haya viajado por avión, debe de tener una idea de la rutina del viajero desde que llega al aeropuerto hasta el momento de despegar. Descríbala.

3. El viaje por avión es el más rápido. Compárelo con otras formas de viajar y las respectivas ventajas y desventajas.

4. ¿Cuál es la importancia del avión como instrumento de guerra?

5. El helicóptero, la astronave, el globo, también viajan por el aire. ¿En qué se diferencian del avión?

6. ¿Para qué sirve un chaleco salvavidas?

7. ¿Qué instrucciones suelen darse a los pasajeros al iniciarse un vuelo?

8. Si 'aterrizaje' significa 'tocar tierra', ¿qué querrá decir 'amerizaje'?

9. Hoy día ¿de qué forma tratan de hacer los viajes aéreos más agradables?

Tema de conversación

'El mundo es un pañuelo' decían, y dicen aún los españoles. Con el desarrollo de la aviación, las distancias no existen. Cada alumno examine un rincón del mundo especialmente afectado por el progreso de la aviación.

7

Sección 1

La prisión

En un comunicado precisa las condiciones en el interior de la prisión

García Valdés denuncia que se distorsiona la verdad sobre la cárcel de Soria

Carlos García Valdés, director general de Instituciones Penitenciarias, hizo público ayer un amplio comunicado para precisar las condiciones del régimen interior de la cárcel de Soria. Explica en la nota que «el cinismo demostrado en la invención de acontecimientos imaginarios, la sistemática distorsión de la verdad y la premonición de pretendidas situaciones límite en el interior de la prisión» obligan a estas puntualizaciones. Acusa a familiares de los presos, a gestoras proamnistía y a parlamentarios vascos de producir «una serie de graves, alarmistas y manipuladas notas informativas».

Tras una breve introducción pasa a detallar las condiciones de vida de los internos.

Primero. Trasladados los internos al centro penitenciario de Soria se procuró su distribución por galerías, en celdas individuales, satisfactoriamente equipadas.

Segundo. El horario que rige es el siguiente: diana a las 8.30; media hora para aseo personal; desayuno a las 9.00; de 9.30 a 10.30 se hace la limpieza general de celdas y departamentos. Desde las 10.30 hasta las 13.00 salen los internos a los tres patios, pudiendo permanecer en sus departamentos, con las puertas abiertas, quienes lo deseen.

A las 13.00 se efectúa el recuento de la comida, la cual tiene lugar a las 14.00. Después pasan los reclusos a sus celdas hasta las 16.00, hora en que de nuevo bajan al patio. A las 18.00 suben a las galerías o a sus celdas, donde permanecen hasta las 20.00, hora en que se reparte la cena.

Después, y hasta el cierre de la programación de televisión, permanecen en sus galerías con las puertas de las celdas abiertas. A su término, tiene lugar el recuento de cierre.

Tercero. Las comunicaciones orales se han ampliado a las dos semanales, más otra un domingo de cada tres, todas de media hora de duración, en horarios establecidos de 10.00 a 13.00 horas de la mañana y de 15.00 a 18.00 de la tarde. Del mismo modo, se han autorizado las dos cartas semanales. En cuanto a cacheos antes y después de las comunicaciones se efectúan a nivel de muestreo, pero no de manera sistemática.

Cuarto Con gran frecuencia siguen entrando regularmente en el establecimiento, previo cacheo, un gran número de paquetes para los internos, permaneciendo, asimismo, abierto el economato del centro mañana y tarde, recogiendo un interno los encargos de toda la galería. Se ha concedido, igualmente, la posibilidad de que los propios internos actúen de cocineros.

Quinto. Con carácter de normalidad y gran dedicación funcionan todos los servicios facultativos del centro, así como la posibilidad de estudio en las galerías, estando a disposición de los internos los libros de la biblioteca y el departamento de duchas.

Sexto. Las funciones de vigilancia y control de actividades regimentales las tienen atribuidas los funcionarios de instituciones penitenciarias, quienes en escaso número y con gran dedicación prestan servicio en el interior del establecimiento, apoyados en su labor, por motivos obvios de seguridad, por dos escuadras de la Policía Nacional.

El país

Vocabulary

diana (f) - toque de trompeta para despertar a los que duermen

cacheo (m) - registro para comprobar si la gente lleva armas

muestreo (m) - acción que afecta a sólo uno entre varios

Exercises

1. Give the English equivalent of:
   un amplio comunicado, régimen interior, las condiciones de vida de los internos.

2. Read the passage carefully and answer the following questions:
   a) At what time do they have lunch and supper in Soria prison?
   b) How often can they have visitors?
   c) How do they do their shopping?
   d) Who patrols the prison?

3. Translate into English the first three points of señor García Valdés' report.

4. Express differently in Spanish:
   centro penitenciario, aseo personal, comunicaciones orales, escaso número.

5. Translate into Spanish:
   The understandable desire on the part of prison governors and personnel to appear humane to outsiders, leads them to make annual declarations to the local press about their Christmas celebrations, often including a detailed description of truly sumptuous Christmas and New Year dinners. After this year's announcement by the Governor of Winchester Jail, a man was caught shoplifting[1] in a supermarket. He explained to the judge[2]: After reading the menu for Christmas, I said to myself[3]: "If I don't get caught I shall have a good meal of it at the night-shelter, and if they get me, I shall eat even better in Winchester Jail."

   [1]robando en una tienda [2]juez (m) [3]a mí mismo

Los prisioneros

Optimismo respecto a la sección de régimen abierto

Permisos para reclusas de la prisión de Yeserías

Dieciocho reclusas del centro penitenciario de Yeserías han obtenido permiso para pasar las fiestas de Navidad con sus respectivas familias, según ha declarado a *Efe* Ana María de la Rocha, directora de la mencionada prisión.

Estos permisos han sido distribuidos en dos bloques que corresponden a las fiestas de Nochebuena y Año Nuevo, respectivamente, y son de cinco a siete días, según los casos.

En la actualidad se encuentran internas en Yeserías un total de 145 mujeres. De ellas, seis son colombianas, dos norteamericanas y una portuguesa.

▲
El país

El número de prisioneros liberados por Moscú puede ascender a diez

La liberación de los disidentes facilitará la firma del acuerdo SALT II

CORRESPONSALES
Washington, Moscú

Mientras aumentan los rumores sobre una eventual puesta en libertad por Moscú de un mayor número de disidentes soviéticos, inclusive la de algunos tan perseguidos como Scharansky, la operación de trueque —disidentes por espías— entre la URSS y Estados Unidos ha sido recibida en ambas capitales como un paso firme hacia la firma del acuerdo número dos en las conversaciones para limitación de armas estratégicas nucleares (SALT II).

En el lujoso escenario del hotel United Nations Plaza, de Nueva York, los recién liberados disidentes celebraron ayer una conferencia de prensa donde dieron las gracias al pueblo norteamericano y al presidente Carter por sus esfuerzos a favor de los «prisioneros de conciencia» en la Unión Soviética.

Ginzburg, que fue el centro de atención en la rueda de prensa, dijo que el Soviet Supremo de la URSS había privado de la ciudadanía soviética a los cinco disidentes en el momento de canjearles por dos espías soviéticos condenados a cincuenta años de prisión en Estados Unidos.

Íntimo colaborador y amigo del premio Nobel Alexander Soljenitsin, Ginzburg es un escritor y editor muy conocido en el mundo occidental por su constante oposición al régimen soviético.

▲
B
El país

Desarrollo del tema

1. Diga usted, en español, en qué consiste una prisión.

2. ¿Por qué cree usted que hay menos mujeres que hombres en las prisiones?

3. ¿Es la prisión la mejor solución para los criminales? ¿Qué alternativas ofrecería usted?

4. ¿Qué reformas introduciría usted en las prisiones actuales?

5. ¿Puede excusarse el encarcelamiento de una persona por sus ideas solamente?

6. ¿Qué clase de trabajos serían apropiados para las personas en una prisión?

7. Lea cuidadosamente el artículo B y escriba las palabras con que usted cree que los prisioneros liberados dieron las gracias al pueblo americano. (150 palabras aproximadamente)

8. La COPEL es una unión de presos. ¿Cuáles cree usted que serán sus objetivos?
(COPEL - Coordinadora de presos en lucha)

9. En las sociedades primitivas no existía la pena de prisión. ¿Cómo cree usted que se castigaría a los que cometían delitos?

10. Varias obras literarias famosas fueron concebidas o escritas en una prisión. ¿Puede usted citar por lo menos dos?

11. ¿A qué nos referimos cuando hablamos de 'cadena perpetua', 'trabajos forzados', 'libertad vigilada'?

Tema de conversación

¿Son necesarias las cárceles? ¿Se puede imaginar una sociedad sin cárceles?

SEAT 131 Supermirafiori, para la integración

SEAT acaba de presentar un nuevo modelo al mercado nacional. En realidad, se trata de una actualización de uno ya conocido. El Seat 131 Supermirafori es el mismo 131 de siempre, pero puesto al día.

El nombre de Mirafiori, aplicado al modelo 131, nació en Italia hace ya algunos años, como homenaje al lugar donde se produce el vehículo, precisamente en la fábrica denominada Mirafiori. Posteriormente, con el paso de los años, FIAT decidió dotar a este vehículo con una mecánica más grande y potente. Así, en los primeros meses de este año, con ocasión de la celebración del Salón Internacional del Automóvil de Turín, la fábrica turinesa presentaba este mismo coche impulsado por un motor de 1.600 centímetros cúbicos. Este nuevo coche recibiría el nombre de Supermirafori, con idea de mantener la misma imagen, pero en la que se destacase la nueva mecánica superior.

Sin embargo, y por paradójico que pueda resultar, ese coche nuevo no lo era tanto. En España ya se estaba fabricando desde bastante tiempo antes, con el mismo motor e idéntica distribución. Era el conocido Seat 131-1600. Es más, unas semanas antes de esta presentación internacional por parte de FIAT, SEAT, la filial española, había presentado a su vez el mismo vehículo, pero con motor de 1.800 centímetros cúbicos, con lo que volvía a demostrar su adelanto con respecto a la casa matriz en este modelo concreto. La especial idiosincrasia del conductor español, ansioso de mecánicas más potentes, se ponía de manifiesto de nuevo.

Los cambios son fundamentalmente estéticos, de equipamiento y acabado. La cifra de ventas de este vehículo en todo el mundo —entre FIAT y SEAT—, superior al millón de unidades, parece haber aconsejado al fabricante español a no introducir demasiadas variaciones en el modelo.

Desde el punto de vista estético, el Supermirafori se distingue en seguida de los modelos precedentes en sus faros delanteros, que ahora son rectangulares y muy grandes —con potentes luces halógenas—. Las ópticas traseras son, asimismo, mucho más grandes que las de los modelos precedentes, incluyendo en ellas las luces de niebla, que están comenzando a proliferar de acuerdo con las normas de Ginebra.

Dentro del habitáculo, puede apreciarse el nuevo tablero de instrumentos. Junto a una detallada información sobre el estado de los órganos vitales del motor, se ha incorporado una pequeña repisa a la izquierda del volante —de un solo radio—, en la que se alojan algunos de los interruptores que accionan las luces, luneta térmica, luces de niebla traseras, etcétera, que están complementados con unas señales luminosas redondas que permiten ver el interruptor con facilidad, aun por la noche.

Los frenos, de tipo mixto —de disco delante y tambor atrás—, aseguran una frenada progresiva y eficaz, aunque hubiera sido deseable el que los traseros fuesen también de disco. Con ello, aunque la acción de la frenada hubiera sido algo más brusca, se habría logrado una efectividad superior.

El país semanal

Vocabulary

puesta al día (f) - modernización
dotar - dar
filial (f) - compañía que depende de otra
faro (m) - luz delantera del coche
óptica (f) - conjunto de luces
habitáculo (m) - interior de un coche
interruptor (m) - llave o botón que enciende y apaga
            la electricidad
luneta térmica (f) - hilos eléctricos en la ventanilla
              trasera para sacar la condensación

Exercises

1. Give the English equivalent for:
   una mecánica más grande y más potente, mantener la misma imagen, las ópticas traseras, el tablero de instrumentos, una frenada progresiva y eficaz, una efectividad superior.

2. Give a) the usual meaning, and b) the meaning in context of:
   faros, tablero, órganos vitales, tambor.

3. Translate the passage into English.

4. What is the Spanish equivalent of:
   a) SEAT is a subsidiary of FIAT.
   b) The headlights needed updating.
   c) The rear lights were quite efficient.
   d) The disc brakes could be improved.
   e) The switches were clearly visible.

5. Translate into Spanish:
   My favourite car was a Hillman Minx Estate which, for over ten years, took all six of us both to work and on holiday. It was plain, tough and comfortable. Best of all, if you travel around with a young family, it was totally reliable. The boot was enormous, with enough room for three large suitcases or half a dozen children; there was plenty of leg room in the front and rear seats, the dashboard was readily visible, the interior was hardwearing and most elegant. A previous owner had had it rustproofed which, I suppose, was an important factor in accounting for its long and healthy life.

Seat 131 Supermirafiori

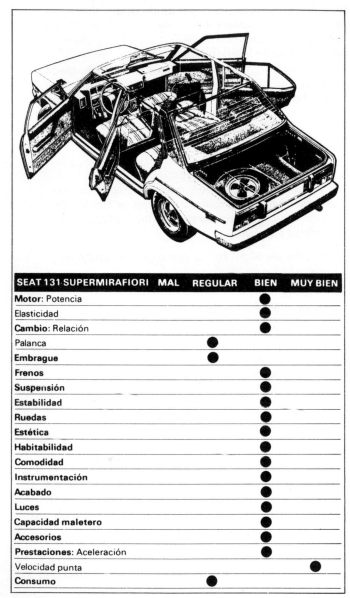

SEAT 131 SUPERMIRAFIORI	MAL	REGULAR	BIEN	MUY BIEN
Motor: Potencia			●	
Elasticidad			●	
Cambio: Relación			●	
Palanca		●		
Embrague		●		
Frenos			●	
Suspensión			●	
Estabilidad			●	
Ruedas			●	
Estética			●	
Habitabilidad			●	
Comodidad			●	
Instrumentación			●	
Acabado			●	
Luces			●	
Capacidad maletero			●	
Accesorios			●	
Prestaciones: Aceleración			●	
Velocidad punta				●
Consumo		●		

El país semanal

Desarrollo del tema

1. En español, haga una descripción de cada una de estas partes del coche: motor, frenos, ruedas, instrumentación, luces, maletero, consumo.

2. Examine el recuadro de la página anterior y diga, según él, cuáles son las mejores cualidades del Supermirafiori y cuáles las peores.

3. Ventajas e inconvenientes de los coches de segunda mano.

4. ¿Debería hacerse obligatorio el uso del cinturón de seguridad? Exponga sus razones a favor o en contra.

5. ¿Qué cualidades le parecen las más importantes en un coche?

6. ¿Cuáles son las horas puntas en una ciudad, y por qué?

7. ¿Qué debe hacerse en caso de avería?

8. ¿En qué ocasiones se considera peligroso adelantar?

9. ¿Es el coche indispensable? ¿Podría usted imaginar otras alternativas?

10. ¿Qué ventajas tiene una moto sobre un automóvil y qué desventajas?

11. Motos, coches, camiones, furgonetas, autobuses, autocares, tranvías, trolebuses, trenes. ¿Cómo son, cómo funcionan, para qué sirven?

Tema de conversación

La invención del automóvil ha creado por lo menos tantos problemas como ha resuelto.

Cientos de personas de Vicálvaro recurrieron a los curanderos para sanar sus enfermedades

Paco y Lola: "En nombre del Creador hemos sanado 50 invalidos"

A las nueve de la mañana del 24 de diciembre, Francisco Martí Donat y Dolores Alvarez Egea, «en nombre del Creador», abrieron la puerta de una casa modesta situada en el antiguo Camino de la Fuente, en Vicálvaro. La casa es propiedad de Julia López López, vecina de toda la vida del barrio, prácticamente ciega desde hacía cuatro años. Tenía *nubes* en los ojos, y los médicos la habían desahuciado, a menos que se sometiera a una intervención quirúrgica muy costosa. Julia López no tenía ni la centésima parte del total y acudió a Petrel. A la tercera sesión de tomar agua bendita y recibir la imposición de manos de los curanderos, comenzó a recuperar la vista y hoy ve casi perfectamente.

Desde entonces, tanto ella como su marido y su madre se hicieron fervientes devotos de Paco y Lola y prepararon su venida a Vicálvaro. Es su madre, Valentina, quien nos habla hoy: «Es preciso sobre todo la fe y la perseverancia. No basta con beber el agua una sola vez, pero si lo haces con frecuencia sanarás de cualquier enfermedad. Cuando estés recibiendo la bendición, a las nueve, es mejor estar a solas en la habitación, para evitar distracciones. El agua no se puede tirar al suelo, Paco dice que eso es peligroso.»

Aunque estaba previsto que la *sesión* terminara a las once de la mañana, el número de visitantes *esperanzados*, algunos fieles, otros por probar, obliga a prolongarla hasta la una del mediodía. Cientos de personas, mayoritariamente adultas o ancianas guardan cola con su botella de agua en la mano. Cinco señoritas las atienden en un pasillo estrecho. Van vestidas con un pantalón azul, jersey blanco con una cruz bordada al pecho y las hacen pasar por grupos de tres o cuatro personas a la pequeña sala —un sofá de skay, algunas sillas de madera, una mesa camilla redonda—, donde se encuentran la pareja de curanderos.

Previamente, antes de entrar en la casa, cuatro hombres más ponen orden en la cola. Uno de ellos, sin darse a conocer, sondea a los visitantes sobre su fe o sobre el importe del donativo que piensan ofrecer. Un segundo reparte una pequeña hojita con la foto de Paco y Lola. El tercero reparte una segunda hoja con las instrucciones para *hacer el agua*, y el cuarto ofrece un tercer impreso, encabezado por una cruz con una corona de espinas, con el texto siguiente: «La creación. Personas, plantas y animales. Paco y Lola. Bendicen agua para dolores de reúma, nervios, enfriamientos, alergia (toda clase), hemorragias, heridas, granos, infecciones y todas cuantas enfermedades tengan las personas, para los matrimonios casados que no tienen hijos bendecimos agua con grandes resultados, para las mujeres embarazadas el parto sin dolor y para las piedras de riñón e hígado. El cáncer no lo curamos, pero sí quitamos el dolor. Lola y Paco con este agua que bendicen curan las quemaduras en diez minutos.»

La singularidad del cáncer no obedece a una insuficiencia de las virtudes bienhechoras de ambos. En un reportaje publicado el 24 de junio de 1978 en *El Caso*, Paco calificaba el cáncer como una epidemia de carácter espiritual, que sólo podría erradicarse mediante una purificación colectiva, basada en el amor a la humanidad, el respeto y la humildad.

El país

Vocabulary

sondear - averiguar
parto (m) - nacimiento
quemaduras (fpl) - heridas producidas por el fuego

Note: 'skay' is a material mostly used to cover chairs.
It is made of a cloth base covered in plastic.

Exercises

1. Give the English equivalent of:
   una casa modesta, intervención quirúrgica, recuperar la vista, el parto sin dolor, virtudes bienhechoras.

2. Read the passage carefully and answer the following questions:
   a) How did Julia get to know the faith healers?
   b) Who looks after the patients?
   c) What do the men do who look after the queue?
   d) Why do the faith healers not cure cancer?

3. Write a précis in English of not more than 200 words.

4. Express differently in Spanish:
   vecina de toda la vida, recibir la imposición de manos, ponen orden en la cola, una epidemia de carácter espiritual.

5. Translate into Spanish:
   Different remedies which, until recently, have been considered unacceptable by orthodox medicine, are nowadays finding their way into hospitals and surgeries. However, the day seems a long way ahead when acupuncture will substitute anaesthesia in surgery, or where finger control of pain, so much of a craze at the moment in Spain, will replace the old brand names of pain-killers.
   It was somewhat of a shock for the millions of Spaniards who follow with passionate interest the television programme on Health and Medicine, to see a respectable and famous doctor instructing the viewers on the use of lit cigarettes as a method of resuscitation. Indignation was widespread but not unanimous: a man wrote to one of the leading newspapers saying that he had witnessed a successful case.

Las infusiones

El país semanal

Desarrollo del tema

1. ¿Qué plantas conoce usted con efectos beneficiosos? ¿Cuáles son estos efectos?

2. ¿Puede usted describir una 'tienda de salud'? ¿Por qué razón son tan populares estos establecimientos?

3. ¿Debería prohibirse fumar? Exponga sus razones a favor o en contra de esta medida.

4. Una característica de la sociedad moderna es la adoración del sol. ¿Qué efectos ocasiona esta afición?

5. ¿Conoce usted alguna receta popular para gozar de buena salud?

6. ¿Cuáles han sido los descubrimientos más importantes para la medicina en el siglo XX? Describa sus efectos.

7. ¿En qué consiste la acupuntura?

8. ¿Qué diferencias hay entre un médico y un homeópata?

9. ¿Qué casos conoce usted de curaciones increíbles?

10. ¿Cuáles son, en su opinión, las enfermedades más terribles?

Tema de conversación

Con el slogan 'Contamos contigo', el gobierno invita a los españoles a mantenerse sanos por medio del ejercicio y los deportes. ¿Qué relación existe entre éstos y la salud?

La contaminación

Representan un 3% del millón y medio
de toneladas de crudo transportado

Los vertidos de los petroleros europeos contaminan las costas gallegas

Los vertidos que arrojan los buques petroleros europeos que transitan frente a las costas gallegas suponen aproximadamente un 3% del millón y medio de toneladas que diariamente son transportadas por los petroleros. Este vertido, que procede de la limpia de fondos de los buques, causa una grave contaminación en la costa norte de la Península Ibérica.

Esta afirmación es constatada en un estudio realizado por el Instituto Español de Oceanografía sobre las consecuencias contaminantes de los 19.000 petroleros que anualmente pasan por el oeste de la Península Ibérica en dirección a diversos puertos europeos, especialmente a Rotterdam.

Este tráfico representa, en opinión de los especialistas de biología marina, un serio peligro para las costas españolas y también para el banco pesquero canario-africano, ya que las corrientes superficiales van de Norte a Sur e inciden peligrosamente en la cuenca ibérico-africana.

◄A

El país

La mayoría de los vizcaínos sufren tos y alergia por la contaminación

EFE, **Bilbao**

El 80% de la población vizcaína sufre las consecuencias de la contaminación producida por la gravitación anual de 120.000 toneladas de anhídrido sulfuroso y otras 52.000 de polvo sobre Bilbao, según señala un informe de la Caja de Ahorros Vizcaína.

Los efectos de tal contaminación —toses y alergias, entre otros— son la causa de las enfermedades contraídas por el 45% de los enfermos atendidos en el hospital civil.

Sin embargo, finaliza el informe, las esperanzas están puestas en un real decreto de 28-12-1977, en el que se plantea seriamente la gravedad de este problema y cuyo plan de reducción de contaminación del aire en Vizcaya para los próximos cinco años se estima en 13.000 millones de pesetas.

◄B

El país

Vocabulary

vertidos (mpl) - líquidos echados al mar
incidir - afectar

Exercises

1. Give the English equivalent of:
   petrolero, limpia de fondos, banco pesquero.

2. Translate into Spanish:
   a) Half a million tons of crude oil are carried by
      tankers along the Spanish coasts daily.
   b) Sea currents from the north threaten the
      south-west coast of the Iberian peninsula.
   c) Pollution affects a high percentage of those
      admitted to hospital.

3. Express differently in Spanish:
   a) *Los buques petroleros europeos que transitan frente
      a las costas gallegas.*
   b) *Esta afirmación es constatada en un estudio.*
   c) *Se plantea seriamente la gravedad de este problema.*
   d) *Plan de reducción de contaminación.*

4. Translate into Spanish:
   Last night a bizarre incident took place in Norwegian
   waters, although it was a Scottish port that saw its
   conclusion. The tanker Kiros had been detained by
   the Norwegian authorities and its documents
   confiscated for having caused a considerable oil slick
   while dumping waste too near the Norwegian coast.
   It was also considered unsafe as one of its engines
   had been severely damaged. During the night, the
   tanker absconded but it was not long before the
   damaged engine gave in and speed had to be
   reduced to ten knots.[1] Distress signals[2] put out by the
   tanker were answered by two Norwegian gunboats[3],
   but the captain of the Kiros apologised and explained
   that the gunboats were not needed. Two hours later,
   the tanker's only engine came to a halt when they
   ran out of fuel. More distress signals were quickly
   answered, this time by a Soviet trawler which took
   the ship and crew to the Scottish port of Lerwick.

   [1]nudos (m)   [2]señales (fpl) de socorro   [3]cañonero (m)

39

La contaminación, hoy

LA CONTAMINACION, HOY

Madrid

Puntos más contaminados: Cibeles, plaza del Emperador Carlos V, plaza de Fernández Ladreda y Cuatro Caminos.
Contaminación global: Ligera.
Tendencia a: Subir.

Elaborado con datos oficiales del Departamento Municipal de Contaminación Atmosférica.

✳ Situación admisible

↗ Superación situación admisible

▲ Emergencia primer grado

★ Emergencia segundo grado

● Emergencia tercer grado

El país

Andalán

Desarrollo del tema

1. ¿Qué es la contaminación? ¿Qué zonas de un país la sufren más?

2. Se dice que 'es mejor prevenir que curar'. ¿Cómo prevendría usted la contaminación en un parque nacional muy visitado por turistas?

3. ¿A qué se llama 'marea negra' y cuáles son sus resultados?

4. La contaminación debida a los crudos no es la única, desgraciadamente. Describa otros tipos de contaminación.

5. Por ser las causas tan distintas, se necesitan distintos remedios para acabar con la contaminación. ¿Cuáles puede usted sugerir?

6. Si usted fuera alcalde de Madrid, una de las ciudades con mayor contaminación ¿qué medidas dictaría usted para mejorar la situación?

7. En España, está prohibido fumar en las salas de cine y de teatro. ¿Cree usted que debiera prohibirse también en su propio país? ¿Qué razones puede expresar a favor y en contra?

8. Al señor de la página anterior no parece preocuparle mucho la contaminación. ¿Qué podemos deducir sobre su negocio y su carácter?

9. Los accidentes en los centros de energía nuclear y el uso de las bombas y armas nucleares originan problemas monstruosos. ¿Con qué razones justificaría usted su existencia?

Tema de conversación

La contaminación del agua, del aire y de los alimentos. ¿Cómo se produce, qué países resultan más afectados, qué soluciones pueden ofrecerse para este problema?

11

La dieta

UN NUEVO SISTEMA PARA ADELGAZAR: MIL CALORIAS POR DIA

Una cosa es adelgazar y otra cosa distinta es matarse de hambre. La dieta es un arma de dos filos que no debe ser utilizada sin conocimiento de causa. Por un lado, la mayoría de las personas de vida sedentaria necesitan rebajar unos kilos para mantenerse en perfecto estado de salud. Por otro, una dieta mal equilibrada puede acarrear alteraciones graves en el organismo humano. Recientemente han muerto cincuenta personas en Estados Unidos a causa de la dieta de las *proteínas líquidas*.

En las oficinas, en el mercado o la peluquería, pasan de boca en boca multitud de sistemas para perder peso: desde las peligrosas pastillas adelgazantes, que hacen desaparecer el apetito, hasta las dietas de los *astronautas*, o del *pomelo*. No hay que poner demasiada atención a estas recetas sin saber de antemano si están debidamente equilibradas.

La Asociación Suiza para la Alimentación, que lleva a cabo una gran labor en pro de la educación alimentaria, ha elaborado una dieta con la colaboración de los dietólogos del Hospital de la Isla de Berna, que consiste, básicamente, en la reducción del consumo calórico a mil calorías diarias.

La dieta ha de practicarse con rigor, sin hacer concesiones. Es equilibrada, bastante variada, y produce una pérdida de peso lenta y constante.

Guía para la preparación de la dieta

Condimentos: se pueden utilizar todas las hierbas aromáticas, todas las especias, el vinagre y el zumo de limón. Administrar la sal con moderación.

Sopas: sólo caldo de verdura o caldo de carne, sin grasa y sin pastas; pero se le pueden añadir hierbas picadas y verduras. Los caldos de carne se deben desgrasar en frío.

Carne: únicamente están permitidas las carnes y los fiambres sin grasa. Ternera y vaca, asados, filetes, carne picada, ragout, roast-beef, jamón magro, carne seca, hígado, lengua de buey, sesos, riñones sin grasa, morcillo, pollo, conejo, liebre, pescados blancos y crustáceos.

Verdura: puede ser utilizada en todas sus formas: fresca, congelada o deshidratada.

Verduras ricas en calorías: coles de bruselas, corazones de alcachofa, judías blancas, maíz y guisantes.
Preparación: no utilizar ninguna grasa. Cocer las verduras al vapor, en agua o en el caldo de la verdura. No utilizar ninguna salsa espesa.

Ensalada verde: las siguientes variedades pueden ser utilizadas según el gusto de cada cual: escarola, endivias, lechuga y diente de león.
Preparación: condimentarlas con vinagre o zumo de limón, y con muy poco o, si es posible, nada de aceite (una cucharada de aceite son cincuenta calorías).

Fruta: puede tomarse fruta fresca tres o cuatro veces al día. Debe pesarse antes de pelarla.

Vocabulary

adelgazar - hacerse más delgado
rebajar - perder
acarrear - ocasionar

Exercises

1. What is the English equivalent of:
   arma de dos filos, conocimiento de causa, vida sedentaria, por un lado . . . por otro . . ., pasan de boca en boca, practicarse con rigor.

2. Answer the following questions:
   a) Why should one be careful about diets?
   b) On what does the Swiss Health Food Association base its diet?
   c) How should this diet be followed?

3. Translate the first passage into English.

4. Express differently in Spanish:
   a) *La mayoría de las personas de vida sedentaria necesitan rebajar unos kilos.*
   b) *Lleva a cabo una gran labor en pro de la educación alimentaria.*
   c) *La dieta ha de practicarse con rigor.*

5. Translate into Spanish:
   A well-balanced diet is essential if one is to achieve loss of weight without endangering one's health or risking one's life. A diet based on proteins and totally excluding carbohydrates[1] might be necessary in extreme cases of obesity, but should only be practised under strict medical surveillance. On the other hand, a diet where carbohydrates are above a minimum can only be successful if combined with considerable physical activity. A balanced diet aimed at reducing weight slowly and safely without either starving the patient or boring him is the only long-term solution. A week of the notorious 'banana diet' might help you lose three or four pounds but you could not keep it up much longer without feeling like screaming at the sight, or even the smell, of a banana.

[1]hidratos de carbono

Sección 2

Un régimen de mil calorías diarias

PRIMER DIA

Desayuno	Calorías
Café o té sin azúcar	–
Un decilitro de leche	67
Treinta gramos de tostada o pan negro	75
Cinco gramos de mantequilla o margarina vegetal	38
Un huevo duro	83

A media mañana

Un decilitro y medio de zumo de naranja o de manzana	71

Comida

Medio pomelo (150 gramos) sin azúcar	47
Jamón (85 gramos sin grasa)	140
Doscientos gramos de espinacas	43
Cincuenta gramos de ensalada sin aceite	7
Cien gramos de melón	23
Café solo, sin azúcar, o agua mineral	–

Merienda

Manzanas (120 gramos)	57

Cena

Setenta gramos de queso (20% graso)	164
Cien gramos de patatas hervidas	85
Cien gramos de ensalada de pepinos	10
Cincuenta gramos de rábanos	9
Cincuenta gramos de ensalada de lechugas o endivias	7
Café	–
Un decilitro de leche	67

Total	**993**

SEGUNDO DIA

Desayuno	Calorías
Café o té sin azúcar	–
Un decilitro de leche	67
Cuarenta gramos de pan blanco	112
Cinco gramos de mantequilla	38
Cuarenta gramos de queso fresco	35

A media mañana

Peras (120 gramos) o un decilitro de zumo de naranja	50

Comida

Una taza de caldo sin grasa con treinta gramos de champiñones	7
Cien gramos de filete de ternera a la plancha	108
Coliflor (150 gramos)	42
Cincuenta gramos de ensalada	
Cien gramos de uvas o 130 gramos de ciruelas	73
Café solo sin azúcar o agua mineral	–

Merienda

Un yogur	120

Cena

Fiambres sin grasa (85 gramos)	216
Ensalada de tomate (150 gramos)	29
Cincuenta gramos de ensalada	7
Treinta gramos de pan integral	75
Té, solo o con limón	–

Total	**979**

Vocabulario

régimen (m) - dieta

Desarrollo del tema

1. ¿Qué relación hay entre los seguros de vida y el peso de una persona?

2. ¿Por qué cree usted que hay tantas personas excesivamente gordas en los países del mundo occidental?

3. Además de un régimen adelgazante, ¿qué otros medios hay para adelgazar?

4. Se ha dicho que las dietas adelgazantes son sólo para los ricos. Estudie usted la dieta en la página precedente y diga si está de acuerdo con esa opinión.

5. Casi todo el mundo cree en una dieta ideal bien sea para adelgazar o, menos corrientemente, para engordar. Describa su dieta, si tiene una, o la que le gustaría practicar si pudiera.

6. En su opinión, ¿cuáles son las mayores dificultades para seguir un régimen de adelgazamiento?

7. Mencione por lo menos dos deportes para los que es esencial un peso muy ligero y explique por qué es así.

8. Aunque usted no sea vegetariano, conoce sin duda la actitud de estas personas con respecto a la comida. ¿Cree usted que tienen razón?

9. ¿Qué piensa usted de los productos culinarios ya preparados? ¿Qué ventajas ofrecen sobre las comidas tradicionales?

10. ¿Puede explicar la popularidad de los restaurantes? ¿Por qué mucha gente prefiere salir de casa para comer?

11. ¿Cuál es su comida preferida?

Tema de conversación

Las medicinas sirven para curar las enfermedades pero la dieta sirve para mantener la salud y prolongar la vida.

12

Una reserva biológica

ESTACION BIOLOGICA DOÑANA
C.S.I.C.-WWF

Están en la Reserva Biológica de Doñana, fundada por y para la Investigación; por lo tanto sus medios y personal están dedicados a las tareas conservacionistas e investigadoras y no las turísticas.

Sin embargo, como los otros terrenos del Parque Nacional de Doñana, administrados por el Ministerio de Agricultura, no pueden ser todavía visitados por el público, la Reserva, que pertenece al C.S.I.C. del Ministerio de Educación y Ciencia, se ha abierto a las muchas personas que, como ustedes, tienen interés y curiosidad por conocer estos paisajes únicos.

La Reserva tiene una superficie de unas 7.000 Hectáreas, es decir, solamente una quinta parte del Parque Nacional, y las actividades turísticas que se realicen están en gran parte limitadas por su extensión. De todas formas en ella aparecen representados cada uno de los tres principales biotopos de Doñana: las dunas, el matorral mediterráneo y las marismas, que usted puede conocer en cualquier época del año.

Dada la situación actual, la Reserva necesita su colaboración para que las visitas no causen la menor interferencia con los programas de investigación y conservación que se realizan. En consecuencia con ello le rogamos que comprenda cualquier deficiencia y que cooperen con nosotros de la siguiente forma:

— Leer cuidadosamente todas las normas e instrucciones que les han dado en Sevilla, así como las que pueden ver en el tablón de anuncios en el Palacio.

— Observar estrictamente los horarios de cocina y comedor que encontrarán expuestos en la puerta de la cocina.

— Ser puntuales para los recorridos. Los horarios de éstos (y de cualquier cambio que se efectúe por averías, trabajos de investigación del campo urgentes, etc.), se indicarán en el tablón de anuncios del Palacio.

— Dejar las llaves de su habitación en la cocina antes de hacer el recorrido, para que se pueda efectuar el servicio de limpieza por la mañana. En el caso de no tomar parte en éste dejen, por favor, la habitación abierta a partir de las 10,30. Asimismo, cuando se vaya definitivamente, hay que desalojar completamente la habitación a esta misma hora del día que se marchen.

— Comprender que los biólogos no tienen ninguna obligación de atenderles ni de informarles, ya que están aquí para realizar una labor científica. Asimismo, los guardas están para «guardar» y para ayudar a los científicos en su tarea. No son «guías», aunque probablemente el guarda que conduzca su vehículo no tenga inconveniente en identificar los animales y plantas si se lo piden. Habrá una persona cuya labor es coordinar las actividades de las visitas para que no interfieran con las de la investigación. También les atenderá gustosamente y les dará cualquier explicación que deseen o que ella vea necesaria.

Estación Biológica de Doñana

Vocabulary

biotopo (m) - terreno con ciertas características
       especiales
dunas (fpl) - colina de arena movediza
matorral (m) - campo inculto lleno de matas y maleza
marisma (f) - terreno bajo y pantanoso que es
       inundado a veces por las aguas del mar

Note: CSIC - Consejo Superior de Investigaciones
Científicas; WWF - World Wildlife Fund

Exercises

1. Give the English equivalent of:
   *tareas conservacionistas, para que las visitas no
   causen la menor interferencia.*

2. Translate the first three paragraphs into English.

3. Express differently in Spanish:
   a) *Las actividades turísticas que se realizan están
   limitadas por su extensión.*
   b) *Dada la situación actual, la Reserva necesita su
   colaboración.*

4. Translate into Spanish:
   The Coto Doñana takes its name from Doña Ana
   Gómez de Mendoza, wife of one of its first owners,
   the fourth Duke of Medina-Sidonia. For centuries it
   was the most aristocratic hunting reserve[1], visited by
   a succession of Spanish kings.
   In 1624, King Philip IV came to Doñana surrounded by
   his Court. The small palace built as a peaceful retreat
   for a young wife was obviously insufficient and in
   preparation for the royal visit, Medina-Sidonia had the
   old palace enlarged, reserving thirty rooms for the King
   and his entourage, plus stables for 200 horses.
   However, in the last forty years, the character of the
   estate has greatly changed. Adolf Schulten, the German
   archaeologist, made its name famous in his research on
   mythical Tartessos which he believed to lie buried
   under its sands. More recently, it has been acquired by
   the CSIC with the help of the WWF and has become
   Europe's most important wild-life reserve.

[1]coto (m)

El Coto Doñana

DOÑANA

LINCE ESPAÑOL - LYNX PARDINA

POSIBILIDADES DE CONOCER LA RESERVA

Ustedes pueden tomar contacto con Doñana por dos procedimientos:

RESIDENTES con la posibilidad de pernoctar un máximo de dos noches en el Palacio.

VISITANTES, permaneciendo medio día en la Reserva.

RESIDENTES

Han de traer toda la comida que necesiten durante su estancia, incluidos aceite, vinagre, sal y otros condimentos. Se ruega que traigan alimentos de fácil preparación de los que se hará cargo la cocinera, cuyos servicios están incluidos. En el Palacio se indica el horario de desayuno, almuerzo y cena, que debe respetarse cuidadosamente. No olviden que solamente hay un frigorífico de gas butano y que éste puede estropearse. Hay vajillas, cubiertos, ropa de cama y toallas. Siempre se pueden pedir más mantas. La electricidad de 220 V, es producida por un grupo electrógeno propio y el horario está establecido entre la puesta del sol y las 24 horas. Es aconsejable que traigan linternas. Dadas las dificultades para subsanar averías, se ruega a los visitantes sepan aceptar posibles deficiencias.

Estación Biológica de Doñana

Desarrollo del tema

1. Busque Doñana en un mapa (suroeste de Sevilla) y trate de explicar su gran riqueza biológica.

2. El lince y el águila imperial son dos de los más famosos residentes en Doñana. Haga una descripción de cada uno de estos animales.

3. En las instrucciones que se dan a los residentes hay una lista de facilidades. ¿Qué otras añadiría usted o cuáles no cree necesarias?

4. ¿Qué relación hay entre las reservas biológicas y la contaminación?

5. Hoy día son muy populares los parques de fieras en los que estos animales viven con relativa libertad. Describa uno que haya visto o del que haya oído hablar.

6. ¿Qué diferencia hay entre una reserva y un parque zoológico? ¿Cuál es preferible en su opinión, y por qué?

7. ¿Qué es la ecología? ¿En qué países del mundo es más necesaria?

8. ¿Cuáles son los problemas principales que hay que resolver en una reserva biológica?

9. ¿Por qué es el oso panda el emblema del movimiento ecológico mas importante?

Tema de conversación

Los visitantes de parques nacionales y las reservas biológicas ¿tienen demasiadas restricciones o no las suficientes?

13

La monarquía

Siete reyes para Europa

A Europa, reino de las monarquías durante siglos, le van quedando pocos reyes: tres monarcas al norte, otros tres en el noroeste y uno en el sur, el más joven: Juan Carlos I, Rey de España, que ha venido a cubrir el hueco dejado por su cuñado Constantino de Grecia.

Del trío de reyes nórdicos, la monarquía sueca es la más simbólica. El Rey no tiene ninguna influencia política, ni nombra ni cesa a sus ministros, y tampoco asiste a los Consejos, aunque el primer ministro ha de tenerle informado.

En Noruega, el Rey no está tan destronado. Ejerce el poder ejecutivo, pero toda la responsabilidad recae en el gobierno de doce ciudadanos por él elegidos, y sus decisiones han de ser suscritas por el primer ministro. A nivel legislativo, el monarca sólo puede devolver las leyes por dos veces al Parlamento.

La monarquía danesa es menos nórdica y más europea. El poder ejecutivo pertenece al Rey, el legislativo al Rey y al Parlamento en común. El rey nombra y destituye a los ministros, únicos responsables de las actuaciones del gobierno.

Los escasos restos de poder de la monarquía británica han quedado englobados en la prerrogativa real.

Sus principales funciones son convocar, prorrogar y disolver el Parlamento, convocar elecciones y elegir el primer ministro. Esta última función es una de las raras excepciones para un monarca que reina pero no gobierna. Normalmente el nombramiento es automático, ya que, por tradición, la Reina Isabel II invita a formar gobierno al líder del partido que ha obtenido la mayoría.

Las funciones públicas importantes son las ceremonias. Sin ceremonias la monarquía británica no sabría ser un símbolo del Estado y de la unidad nacional. Así, el desfile del soberano en carroza desde el palacio de Buckingham hasta el palacio de Westminster, para abrir el Parlamento, presenciado por millones de ciudadanos en directo o a través de la televisión, es vital en las relaciones del monarca con el pueblo.

Bélgica y Holanda tienen parte de su historia en común. Sus monarquías son constitucionalmente parecidas y sus titulares tienen el derecho a reinar, pero no a gobernar. Los documentos de la Administración van firmados por el Rey y por el ministro correspondiente, pero sólo los ministros son responsables. Los soberanos puede elegir y nombrar personas para puestos honoríficos o consultivos, pero no para puestos ligados con el ejecutivo. Pueden también disolver las cámaras y convocarlas para sesiones extraordinarias. El Rey tiene derecho de veto y de decreto-ley, pero ambos derechos pueden ser rechazados por mayoría de las dos cámaras.

Seis reyes para Europa a un paso de quedarse reducidos a ciudadanos distinguidos, aunque el humor inglés asegure que Europa se quedará con los cuatro reyes de la baraja más el del Reino Unido.

Cambio 16

Vocabulary

hueco (m) - vacío
englobado - encerrado
ligado - unido
rechazados - no aceptados
baraja (f) - paquete de cartas (de jugar)

Exercises

1. Give the English equivalent of:
    cubrir el hueco, ni nombra ni cesa a sus ministros, las actuaciones del gobierno, el desfile del soberano en carroza, pueden también disolver las cámaras.

2. Translate the first six paragraphs into English.

3. Express differently in Spanish:
    a) *en Noruega el rey no está tan destronado,*
    b) *sus decisiones han de ser suscritas por el primer ministro,*
    c) *a un paso de quedarse reducidos a ciudadanos distinguidos.*

4. Make Spanish sentences to show the meaning of:
    convocar, prorrogar, disolver, nombrar, cesar.

5. Translate into Spanish:
    Don Juan Carlos and Doña Sofía return tomorrow from their visit to three West African countries. The anecdotes from such a long and interesting journey are many and varied. There is one about Their Majesties' eighteenth wedding anniversary on the Ivory Coast. They had kept the date secret so as to avoid any diplomatic fuss about it but, much to their surprise, at the end of a dinner gala they were presented with a cake with eighteen candles. Another one is about the time when they attended a formal dinner given by the President of Guinea. As soon as the Guineans invited to the party had finished their meal, they disappeared, much to the embarrassment of the Spanish royal entourage who rallied round the royal couple, trying to hide from them the fact that they were being left alone. Eventually, President Sekou Touré realised the Spaniards' predicament.

La monarquía española

Un Rey barato

Aunque Juan Carlos I tiene el sueldo congelado desde enero del pasado año y así seguirá hasta diciembre, la partida del presupuesto general del Estado destinada a la Casa de Su Majestad el Rey, ha experimentado un incremento de 43 millones de pesetas con respecto al año anterior. No obstante, gasta menos que el presidente de la república italiana, y la mitad que la reina Isabel de Inglaterra.

Los gastos del presupuesto aprobado para la Casa Real es de 150 millones y medio de pesetas, es decir, el 0,01 por 100 de los gastos generales del Estado.

Las casi 400.000 pesetas que cobra mensualmente el Rey están realmente muy lejos de aquellas 15.000 pesetas que le pasaba su padre cuando Juan Carlos I contrajo matrimonio con doña Sofía y de la asignación que le concedía Franco, como huésped del palacio de La Zarzuela. Con esas 400.000 pesetas tiene que hacer frente a los dos capítulos que más gravan su economía familiar: el vestuario y la educación de los tres infantes, a los cuales hay que sumar los gastos de su Casa (servidumbre, secretarias, etc.).

Naturalmente, con los cuatro millones y medio largos que recibe el Rey al año no debe hacer frente a los gastos derivados de su real cargo. Para éstos, recepciones, visitas oficiales, viajes solo o con la familia, tiene destinados cerca de 15 millones de pesetas anuales.

Del centenar y medio de millones de pesetas destinados a la Casa Real, la partida que mejor bocado se lleva es la destinada a pagar las remuneraciones del personal eventual y contratado que presta su servicio en La Zarzuela y en el Palacio de Oriente, cantidad que sobrepasa los 80 millones.

Cambio 16

Desarrollo del tema

1. Desde un punto de vista puramente económico, ¿qué es preferible, un rey o un presidente?

2. Don Juan Carlos y Doña Sofía son los reyes de España. Investigue sus antepasados y sus conexiones con otros personajes reales europeos.

3. Estudie y describa en español (250 palabras) las circunstancias por las cuales Don Juan Carlos subió al trono de España.

4. Las ceremonias de todo tipo ocupan gran parte de la vida de los reyes. ¿Por qué razón se consideran tan importantes? ¿Qué ceremonias reales pintorescas conoce usted?

5. Uno de los papeles más importantes de los miembros de las familias reales hoy día es el de embajadores de su país. ¿Qué resultados positivos se pueden conseguir con estas visitas?

6. Como es ya sabido se da el título de 'infante' o 'infanta' a los hijos de los reyes de España. ¿Cree usted que los infantes debieran recibir una educación especial? De ser así ¿en qué debería consistir?

7. La mayoría de la gente se siente fascinada por la monarquía. ¿A qué se debe esto?

8. ¿Cree usted que los reyes debieran ocupar un papel más importante en el gobierno de su país?

Tema de conversación

El papel de la monarquía en los tiempos modernos

Esta noche, mensaje navideño del Rey

El rey don Juan Carlos pronunciará esta noche su tradicional mensaje navideño dirigido a todos los españoles, que será emitido a las diez de la noche por Radiotelevisión Española. La duración del mensaje —que ya ha sido grabado en el palacio de La Zarzuela— será de diez minutos y la fórmula utilizada es similar a la del pasado año, con escenas de la familia real.

Don Juan Carlos y doña Sofía celebrarán la Nochebuena en la intimidad, en el palacio de La Zarzuela, al igual que en años anteriores. Al acto familiar asistirán, junto a sus hijos, don Juan de Borbón y su esposa, la condesa de Barcelona, así como las hermanas del Rey, las infantas Pilar y Margarita, con sus respectivos esposos e hijos.

A
El país

El cierre de TVE

En la sección de cartas al director de la edición del día 9 del actual se publica, entre otras, una carta titulada «Ahorre televisión», en la que se alude a la incongruencia y contradicción entre los anuncios en la TVE recomendando el ahorro de energía, que contrasta con el cierre de las emisiones, generalmente cerca de la una de la madrugada. Lo lógico es que se predique con el ejemplo. Hay una frase en la citada carta que es muy explícita, y que dice: «... porque no nos engañemos, a los españoles el cierre de TVE nos lleva a la cama», y que es muy cierto.

Creo que en esta cuestión merece la pena ser reiterativo, y por ello le dirijo este escrito. Cuando al día siguiente es laborable, creo que nunca, salvo casos muy excepcionales, debería sobrepasar de las doce de la noche el cierre de las emisiones. No sólo lo justifica así el enorme ahorro del cierre de la iluminación en cientos de miles de hogares, sino también porque la prolongación de las emisiones contribuye a deficiencias en la salud y bajos rendimientos en los trabajos o accidentes laborales, como consecuencia del insuficiente descanso de tantos miles de personas que se levantan a las seis o siete de la mañana para acudir a sus trabajos, y que no se acuestan antes por ver, incluso, hasta «Ultimas noticias».

◄**B**
El país

54

Vocabulary

reiterativo - insistente
laborable - de trabajo

Exercises

1. Give the English equivalent of:
   *tradicional mensaje navideño, ya ha sido grabado,
   el cierre de las emisiones.*

2. Translate passage B into English.

3. Give a short précis in English of the first passage.

4. Make Spanish sentences to show the meaning of:
   *emitido, grabado, la fórmula utilizada, sobrepasar,
   prolongación.*

5. Translate into Spanish:
   When will they realise, at TVE headquarters, that the
   entire population of viewers have had enough of
   generous bandits who rob the rich to give to the
   poor, making themselves rich in the process? One
   more episode of the 'Curro Jiménez' series with
   every imaginable cliché : Curro gallant with the
   ladies and welcomed by them; generous with the
   deprived and honest traveller; arrogant and brutal
   with any of his men who dare to stand up to him;
   and a couple of 'flamenco' scenes to liven up the
   story. Isn't it time to put an end to the life and
   troubles of Curro Jiménez? After all, considering the
   kind of life he leads, it should be only too easy for
   the scriptwriter to finish him off swiftly and logically
   through private revenge or public justice.

Essay topic

El programa que no existe todavía y que a mí me
gustaría ver.

Sección 2

Un fin de semana en la 'tele'

Sábado

Primer programa

12.01 **El recreo** (color).
13.00 **Torneo.**
14.00 **Tiempo libre** (color).
14.30 **El canto de un duro** (color).
15.00 **Noticias.** Primera edición (color).
15.30 **El bosque de Tallac** (color).
16.00 **Primera sesión.** «La llamada de las tierras vírgenes», de Jerry Jameson (1976). Intérpretes: John Beck, Bernard Fresson.
17.45 **Aplauso** (color).
19.30 **La abeja Maya** (color).
20.00 **Los ángeles de Charly.** «Los matones». Una joven periodista es asesinada por orden de Terranova, dueño de una urbanización de recreo (color).
21.00 **Informe semanal** (color).
22.00 **Noticias.** Segunda-edición (color).
22.30 **Sábado cine.** «El príncipe y la corista», de Laurence Olivier (1957). Intérpretes: Marilyn Monroe, Laurence Olivier, Sybil Thorndike.
00.15 **Ultimas noticias** (color).
00.30 **Buenas noches** (color).

Segundo programa

18.31 **Mundo deporte** (color).
20.00 **La clave.** Coloquio sobre «los orígenes del hombre» (color).
23.30 **Buenas noches** (color).

Domingo

Primer programa

9.31 **Hablamos.** Informativo especial para sordomudos (color).
10.00 **El día del Señor.** Santa Misa (color).
10.45 **Concierto.**
11.45 **Gente joven.**
12.30 **Sobre el terreno** (color).
14.00 **Siete días** (color).
15.00 **Noticias.** Primera edición (color).
15.30 **Fantástico.** Manolo Royo, Mayra Kemp, La Romántica Banda Local *(rock)*, Juan Carlos Calderón, Nicola di Bari, Antonio y Aurora, Almudena y Arsenio, Bigote Arrocet, Ynca, Even Allen (color).
19.00 **625 líneas** (color).
20.00 **Fútbol.** R. C. D. Español-Atlético de Bilbao.
22.00 **Noticias.** Segunda edición (color).
22.30 **Grandes relatos.** «Yo, Claudio: un templo para Claudio», de Robert Graves. Dirección: Herbert Wise. Mientras Claudio se encuentra fuera de Roma, su esposa Messalina se entrega a numerosos amantes. Nadie se atreve a comunicar a Claudio la vida escandalosa de su mujer. El Senado aclama a Claudio por haber sometido Britania, y Herodes prepara una rebelión contra el dominio romano. Messalina decide repudiar a Claudio para casarse con un senador (color).
23.30 **300 millones** (color).

00.30 **Ultimas noticias** (color).
00.45 **Buenas noches** (color).

Segundo programa

15.31 **Curro Jiménez.** «Entierro en la serranía» (color).
16.20 **El alba del hombre.** «Los umbrales del misterio». Los orígenes de la palabra y su proceso evolutivo en la intercomunicación humana (color).
17.15 **Las calles de San Francisco.** «Interludio».
18.10 **Dibujos animados** (color).
18.30 **Panorama musical.**
19.00 **Concierto.**
20.00 **Filmoteca TV.** «Amor a la inglesa», de Alvin Rakoff (1969). Intérpretes: Peter Sellers, Sinead Cusack, Jeremy Bulloch. La señorita Smith, secretaria de una empresa dedicada al transporte de cigarrillos, se ofrece como cebo a un maduro ejecutivo para salvar a su novio.
21.45 **La danza.** «Ajanta». Coreografías de Gloria Mandelik inspiradas en las pinturas de las cavernas de Ajanta (Italia) (color).
22.30 **A fondo.** Entrevista con Ernst B Chain, premio Nobel de Fisiología y Medicina.
23.30 **Buenas noches** (color).

El país

Desarrollo del tema

1. ¿Qué programas conoce usted en la televisión de su país similares a los siguientes? Diga cómo se titulan y de qué tratan:
   Hablamos, Mundo Deporte, Ultimas Noticias, Informe Semanal, Dibujos Animados.

2. Según los títulos ¿de qué cree usted que puedan tratar los siguientes?:
   Gente Joven, A Fondo, El Día del Señor, Panorama Musical, Buenas Noches.

3. Según la programación en la página anterior ¿cuáles son las diferencias más importantes entre la televisión española y la de su propio país?

4. ¿Qué opina usted sobre los anuncios de la televisión?

5. ¿Cree usted que debieran televisarse las sesiones parlamentarias en su país, como ya se hace en España?

6. ¿Debiera haber censura en la televisión, y sobre qué aspectos?

7. ¿Cuáles son las diferencias principales entre la televisión, la radio y el cine?

8. ¿Cree usted que los programas en directo son más interesantes que los programas en diferido?

9. ¿De qué manera ha influido la televisión sobre el deporte?

Tema de conversación

La influencia de la televisión sobre la vida de familia

15

El feminismo

El acontecimiento más importante de la última década en el mundo de la mujer ocurrió ahora hace un año, cuando Carmen Conde fue elegida por sus ahora compañeros de la Real Academia Española para ocupar el sillón *k* de la docta casa. Aunque hace dos siglos Carlos III nombró académica a María Isidra Quintina Guzmán, Carmen Conde es la primera mujer de nuestra historia elegida académica por sus iguales.

En 1975 María Luisa Jordana, actual directora del Instituto del Bienestar, con rango de subdirectora, fue la primera mujer que accedió a la Subdirección General dentro de la Administración.

Además del papel desempeñado en los últimos diez años por la figura excepcional de Dolores Ibárruri, la responsabilidad política más destacada ha correspondido a Carmen Díez de Rivera, una de las mujeres más lúcidas del momento presente. Ex directora del Gabinete del presidente del Gobierno y militante del PSP hasta su disolución, Carmen Díez de Rivera, mujer de izquierdas, progresista e independiente, tiene un futuro político muy esperanzador.

«La lucha por el Poder es muy dura y las mujeres tienen menos posibilidades que los hombres a la hora de establecer contactos, ejercer presiones y compadreos, etcétera», explica María Luisa Jordana. «Antes de pensar en una mujer piensan en diez hombres. Y si se les ocurre pensar en ella, tienen miedo a que no sepa *estar*, a que no sepa hablar en público, a que no sepa recibir o guardar el protocolo... Antes de elegirla, la miran y remiran cientos de veces», sigue diciendo la señora Jordana. «Se trata de un procedimiento absurdo, porque ¿cómo tiene que *estar* una mujer en un puesto al que nunca ha accedido una mujer?», se pregunta María del Carmen Briones.

En el campo de las profesiones liberales, han aumentado los porcentajes de mujeres médicas, abogadas y arquitectas, y han surgido las primeras promociones de las ingenierías *menos atractivas* bajo un concepto distorsionado y ñoño de lo femenino: ingenieras de minas, de montes y navales. En el caso de la ingeniería naval, la batalla ha sido especialmente dura. Matilde Santos, segunda mujer ingeniera naval del distrito de Madrid, cuenta las peripecias sufridas: «Cuando me fui a matricular por primera vez, el director me recomendó que no lo hiciera, que sería muy duro. Durante la carrera no me sentí discriminada, ya que los estudios eran igualmente duros para todos, pero al acabarla e intentar buscar trabajo he sido vetada en todos los astilleros, aunque al final he encontrado trabajo en una empresa de inspección y control de calidad.»

Peripecias y vicisitudes que de alguna manera también sufrió Mari Nieves Cuadra hasta llegar a ser conductora de autobuses en la Empresa Municipal de Transportes de Madrid.

Aunque no eran profesiones desconocidas, hasta hace poco no ha sido legalizada la situación de Mari Fortes, torera, y de Maite Barreiro, chica de *bingo*. Durante más de cuarenta años, actividades tan distintas como el toreo femenino y el bingo han estado prohibidas. Mari Fortes, hasta hace dos años nueva en la plaza, entrena cuatro horas diarias cuando no torea, y ha sufrido tres cornadas. Aunque para algunos no debieran existir los toreros, Mari Fortes tiene el mismo derecho que los hombres a serlo.

Sin embargo, todavía queda mucho por cambiar. Hasta ahora sólo tres mujeres de cada diez trabajan y sólo el 0,38 % se dedica a funciones directivas.

El país semanal

Vocabulary

docta - culta
compadreos (mpl) - uso de la amistad para conseguir
 beneficios
'estar' - saber comportarse según su rango
ñoño - tímido, apocado
astillero (m) - fábrica de barcos

Exercises

1. Give the English equivalent of:
   actual directora, mujer de izquierdas, ejercer presiones, primeras promociones, funciones directivas.

2. Translate into English the first three paragraphs.

3. Make Spanish sentences to show the meaning of:
   última década, docto, de izquierdas, discriminado, control de calidad.

4. Make a list of the different professions or posts referred to on the previous page. Describe each of them in Spanish.

5. Translate into Spanish:
   Thousands of Iranian women staged a demonstration to protest against the new law which makes wearing the traditional black veil compulsory.
   According to eyewitnesses[1], male youths attacked the demonstrators with knives, insulting them at the same time for their flouting of the Moslem laws. At least ten women were wounded.
   The protest is not only against the use of the veil but also against the brutality of the Brigades for Islamisation who have been using force in implementing the laws on women's dress.
   One of the demonstrators told newspaper reporters that if the Government insist on this law, she will commit suicide by igniting herself.

   [1]testigo ocular (mf)

Essay topic

Mujeres famosas del Siglo XIX

Nuevos empleos para la mujer española

1. María Luisa Jordana, 57 años, directora del Instituto del Bienestar Social (Ministerio de Cultura) / **2.** María Dolores Dorero, treinta años, jefa de la Policía Femenina de Madrid / **3.** Juana Baeza, cuarenta años, ingeniera de minas (Madrid) / **4.** Concepción del Carmen, 35 años, juez de menores (Madrid) / **5.** Carmen Conde, académica de la Española / **6.** María del Carmen Briones, treinta años, delegada provincial de Trabajo (Guadalajara) / **7.** Maite Barreiro, 35 años, chica de bingo (Madrid) / **8.** Mari Nieves Cuadra, 31 años, conductora de la EMT / **9.** Matilde Santos, treinta años, ingeniera naval (Madrid) / **10.** Mari Fortes, veintitrés años, torera (Málaga).

El país semanal

Desarrollo del tema

1. ¿De qué manera pueden ayudar las escuelas en la lucha contra la discriminación sexual?

2. ¿Qué profesiones conoce usted, en su propio país o en otros, que estén vetadas a las mujeres por razón de su sexo? Descríbalas.

3. La foto de la página precedente presenta a diez mujeres españolas con profesiones o empleos poco corrientes. ¿Cuáles son los más corrientes en España y en su propio país? ¿En qué consisten?

4. 'La mujer casada, la pierna quebrada (rota) y en casa' y 'la mujer en casa y el hombre en la plaza'. ¿Puede usted explicar la obsesión de los españoles en el pasado por guardar a sus mujeres en casa?

5. Hoy en día hay un número considerable de mujeres ocupando tronos o puestos importantes en la política. ¿Qué cualidades consideradas tradicionalmente como femeninas son apropiadas para posiciones de mando?

6. ¿Es la mujer más competente para cuidar de los hijos que el hombre? De ser así, ¿en qué se basa esta competencia?

7. Compare las condiciones de vida de las mujeres en la Unión Soviética con las de las mujeres en Irán u otro país musulmán.

Tema de conversación

Los grandes cambios en la condición femenina desde principios de siglo

16

La Coca-Cola

Dos turistas yanquis quieren atravesar el Sahara en un jeep. «¿Dónde terminará la civilización?», pregunta uno de ellos al guía árabe. «¿Qué entiende usted por civilización?», responde el árabe. El americano dice: «¿Cuándo llegaremos al punto donde ya no hay *Coca-Cola*?» «Nunca», exclama el árabe.

Esto es lo que pasa con la *Coca-Cola*. Donde se quiera ir, ya está allí la *Coca-Cola*. Si te bañas en el mar Adriático, ¿qué es lo que te encuentras en el agua, aparte de peces muertos y manzanas podridas? Ten por seguro que es una lata roja de *Coca-Cola*.

Si viajas a la selva para ver a los indígenas, ¿con qué calmarás tu sed? Seguramente con una *Coca-Cola*. Si como aventurero participas en un campeonato de tiro con los pistoleros mexicanos, ¿qué os servirá de blanco? Sin lugar a dudas, botellas vacías de *Coca-Cola*. Así en la tierra como en el cielo: el 7 de agosto de 1976 el periódico *Louisville Times* informa sobre la muerte del vendedor de periódicos J. P. Day. A lo largo de sus 67 años había bebido *Coca-Cola*. En su lecho de muerte consolaba a sus amigos y familiares con las palabras: «También en el cielo hay *Coca-Cola*.»

Se ha visto coger la botella a Fidel Castro, en Cuba, y a Sir Edmund Hillary cuando se dirigió al Polo Sur. Lo bebe el canciller Schmidt igual que el Papa. El emperador Haile Selassi fue un fanático de la *Coca-Cola*, tan sólo aventajado por el rey Faruk. ¡Y no digamos la esposa del embajador francés en Londres! Ella llevó, con ocasión de la ceremonia de coronación de la reina Isabel II un vestido de gala, provisto de dos bolsillos para esconder en ellos su bebida preferida, la *Coca-Cola*. La ceremonia se preveía larga.

En la lista de consumidores figuran 135 países; de manera que se puede decir que en el imperio de *Coca-Cola*, el sol no se pone.

El país semanal

Vocabulary

indígena - nativo o natural de un país
lecho (m) - cama

Exercises

1. Read the passage carefully and then answer the following questions:
   a) According to the American tourists and the Arab, what is the definition of civilisation?
   b) What do Mexican gunmen use as a target?
   c) How do we know that the wife of the French Ambassador to England was fond of this drink?

2. Translate the passage into English.

3. Express differently in Spanish:
   ten por seguro, calmarás tu sed, sin lugar a dudas, lecho de muerte.

4. Give the Spanish equivalent of:
   a) This is what happens.
   b) What will you quench your thirst with?
   c) On earth as it is in heaven.
   d) The function was expected to be long.

5. Translate into Spanish:
   Spaniards drink a lot of cold drinks nowadays throughout the year. Not so long ago, the ordinary Spaniard drank either wine or water (for a woman, water would have been the most likely drink). But with the installation of chlorination plants everywhere, Spaniards are drinking less and less water. Drinking water may well be safe, but it is no longer enjoyable. 'Gaseosa', a rather insipid, fizzy lemonade, has always been very popular, but apart from this and a host of other fizzy drinks, there are two newcomers to the Spanish home. The first one is beer, drunk very cold in enormous amounts during the summer months. The other is mineral water, which can be of different types, still or fizzy. It is rather amusing to think that Spaniards are prepared to pay for a brand of mineral water (more expensive than ordinary wine) which is advertised as 'the water which tastes like water.'

Dejamos de anunciarnos

OÑATE

LAS PALMAS DE GRAN CANARIA

Los **Concesionarios de Coca-Cola** haciendo suya la recomendación del **Consejo de Europa** para el año del **Patrimonio Arquitectónico Europeo (1975)**, y atentos además al propósito oficial de dignificar la publicidad exterior, han decidido continuar la eliminación de dicha publicidad en ciudades artísticas. **Astorga, Cuenca, Las Palmas de Gran Canaria, Menorca, Oñate** y **Guadalupe,** son las ciudades en las que este año se ha desarrollado la campaña.

Al igual que en años anteriores, el presupuesto destinado a esta actividad publicitaria se invertirá en la edición de publicaciones divulgadoras de los tesoros artísticos de dichos lugares.

Coca-Cola da más chispa

Destino

Desarrollo del tema

1. Lea el anuncio de la página anterior y en sus propias palabras explique su significado aparentemente contradictorio.

2. ¿Cómo puede explicar la popularidad de las bebidas refrescantes?

3. En algunos países, las bebidas calientes tienen aún más popularidad que las refrescantes. ¿Cuáles conoce usted, y cómo se preparan?

4. Compare la botella con la lata de Coca-Cola, describiendo sus características principales.

5. ¿Qué clase de envases podrían usarse en lugar de los tradicionales para evitar la acumulación de basuras?

6. 'Ambrosía', 'néctar', 'maná'. ¿Quíenes se alimentaron o alimentan con estas bebidas?

7. Se ha llamado a la Coca-Cola 'la leche del capitalismo' ¿Por qué razón se le da este nombre?

8. ¿Cree usted que es peligroso tomar bebidas muy frías cuando se tiene mucho calor? ¿Por qué?

9. ¿Por qué es necesario beber mucho cuando se hace mucho ejercicio?

10. ¿Cree usted que es aconsejable tomar bebidas refrescantes con la comida?

Tema de conversación

El cambio en los hábitos de bebida en su propio país en los últimos veinte años

Sucesos

◄ A
ABC

MEDIO CENTENAR DE DETENIDOS EN UN PISO MADRILEÑO

REDADA DE ADEPTOS A LA SECTA RELIGIOSA DEL «HARE KRISHNA»

Los vecinos del inmueble soportaban un infierno con las excentricidades de los seguidores de esta creencia hindú

Madrid. (De nuestra Redacción.) Cuarenta y nueve seguidores de la secta religiosa hindú Hare Krishna han sido detenidos por la Policía madrileña en una espectacular redada llevada a cabo en un domicilio de la calle de Galileo, 96. La operación policial respondía a las continuas denuncias del vecindario, que, desde el pasado 30 de enero, venía soportando las excentricidades de la Sociedad Internacional del Hare Krishna y de sus pintorescos miembros.

Los seguidores de esta extraña religión, con reminiscencias orientales, se reunían regularmente en una de las habitaciones de su sede social, en un número que a veces llegó a superar a las cincuenta personas, con el consiguiente riesgo de hundimiento. Este peligro lo acentuaba la naturaleza de sus ritos, desarrollados en medio de violentos saltos y bailes, que llegaron a producir desconchones en los techos de otras viviendas y un continuo balancear de lámparas.

Pero, con ser importantes, no eran sólo estos hechos los provocadores de las continuas denuncias del vecindario. Las citadas reuniones, con sus cánticos y bailes, se celebraban a cualquier hora del día o de la noche, prolongándose hasta altas horas de la madrugada. Además, hay que añadir los malos olores que desprendían las comidas y especias de «menús» de la secta, así como los productos incinerados en las celebraciones rituales.

Diario 16
B
▼

UN NIÑO DE NUEVE AÑOS, ATRAPADO MEDIA HORA POR UNA EXCAVADORA

MADRID, 24 (D16).— Un niño de nueve años ha permanecido durante media hora colgado por una mano de una pala excavadora que le ha reventado literalmente el miembro y que, al parecer, quedó conectada en medio de la calle.

Hacia las cuatro y media de la tarde, Antonio Ferrer Agudo cruzaba la calle Sepúlveda a la altura del número 141. Iba con otro grupo de chicos, entre ellos su primo Ignacio. Aunque no se sabe con exactitud lo que ocurrió, los muchachos aseguran que uno de ellos, precisamente el primo de Antonio, rozó sin querer una palanca y el brazo se levantó arrastrando al chico, que quedó colgado.

Media hora de angustia

A eso siguió media hora angustiosa, en la que un hermano de Antonio, un hombre de unos veinticinco años, debió sostener al niño, que lloraba, mientras policías y bomberos trataban de liberar la mano apresada. Los bomberos habían comenzado a serrar los tornillos, cuando una gestión paralela que trataba de localizar al operario dio resultado y con un simple movimiento de palancas consiguió deshacer la tenaza.

El niño fue trasladado inmediatamente a la residencia 1.º de Octubre y, tras una serie de radiografías, pasó al quirófano. A pesar de que el accidente ha sido muy grave, la existencia de un tope en la excavadora ha hecho que la mano no llegara a desprenderse del todo, precisamente por su tamaño reducido. Hay esperanzas de que no pierda los dedos. Su estado, según ha podido comprobar D16 a última hora de la noche de ayer, no era grave.

"A lo que no hay derecho —aseguraba un familiar del accidentado— es que una máquina quede así, conectada, en medio de la calle, aunque el operario haya ido a buscar un repuesto. Máxime cuando se trata de unas obras para nivelar la calzada y los vecinos tienen que seguir cruzando. No hay derecho."

Vocabulary

suceso - acontecimiento
redada (f) - operación de la policía para coger a un
                 número considerable de delincuentes

Note: D16 is the name of a Spanish newspaper.

Exercises

1. Give the English equivalent of:
   *los vecinos del inmueble, la operación policial, su
   sede social, las citadas reuniones, las altas horas de
   la madrugada, rozó sin querer una palanca, una
   gestión paralela.*

2. Read both passages carefully then answer the
   following questions:
   a) Why did the police intervene?
   b) Why were the meetings potentially dangerous to
       the neighbours?
   c) What started the mechanical digger?
   d) Who held the boy while he was trapped?
   e) How was he released?
   f) How serious were his hand injuries?

3. Translate passage B into English.

4. Translate into Spanish.
   Yesterday, a police officer was left hanging from a shop
   sign for about five minutes in an incident which took
   place outside shop premises in 125 Cerdeña Street. The
   shopkeeper had been repeatedly warned against the
   erection of a sign, which contravened one of the clauses
   of her rent contract. On information from the owner of
   the premises, a police officer went to the shop and
   asked the shopkeeper, señora Martinez Puertos, to take
   the sign down. This she refused to do. The police officer
   went up a ladder with the intention of removing the
   sign but, hardly had he put his hand on the signboard
   when señora Martinez snatched the ladder away,
   leaving him clinging to the sign to avoid a fall of one
   and a half metres. Señora Martinez then proceeded to
   bite his ankle.
       Shortly afterwards, he was rescued by a traffic
   policeman who heard his shouts for help.

Las notícias

Un supuesto fantasma colapsó el tráfico en Barcelona

Más de 3.000 personas se congregaron anteanoche en las cercanías de un edificio en construcción, sito en *El Ensanche* barcelonés, atraídos por la inefable esperanza de que hiciese su aparición nada menos que un fantasma. La Policía Municipal se vio obligada a cortar el tráfico durante varias horas, pese a la intensidad del mismo en aquella zona.

El anuncio de la, desde luego, incumplida aparición había sido efectuado a través de periódicos locales, aludiendo a una presunta llamada anónima. En días pasados, algunos medios de comunicación —muy en especial el populista *Cataluña-Exprés*— se han referido, a menudo de forma moderada, a la presunta existencia de un fantasma en el citado edificio en construcción. Ello ha originado sistemáticas concentraciones de curiosos en los alrededores del lugar, que llegaron a su cénit anteanoche. Como es habitual en estas cuestiones, es notable el número de personas que afirma tener constancia de la existencia de un fantasma.

A
El país

MONO VERDUGO EN ALCAÑIZ

MATA A LAS GALLINAS RETORCIENDOLES EL CUELLO

ALCAÑIZ (Teruel), 4. (Efe).—La Policía Municipal de esta localidad fue alertada en la tarde de hoy de que un animal desconocido había entrado en un gallinero matando algunas gallinas, que aparecían con el cuello retorcido.

Los policías siguieron la pista con un perro adiestrado entre los árboles que se encuentran en la casa de los hechos, encontrándose un mono en lo alto de un olivo. El simio, que se supone pudiera pertenecer a una cuadrilla de gitanos o a algún turista, fue finalmente capturado.

B
Heraldo de Aragón

LES ENTREGAN UN NIÑO POR NIÑA EN UN SANATORIO

Cuando el matrimonio llegó a su domicilio se dio cuenta del error

Cambados (Pontevedra). 7. (Efe.) Por una confusión, en un sanatorio de Pontevedra entregaron un niño recién nacido a una madre que acababa de dar a luz a una niña.

Felisa Núñez Piñeiro, esposa de Vicente González Rodríguez, dio a luz una niña en un sanatorio pontevedrés. Por necesidad de tratamiento pediátrico, tuvo que ser trasladada a un centro hospitalario de fuera de la provincia.

Tras recoger la criatura en el centro hospitalario, los señores de González Núñez no observaron nada anormal, y en un taxi se dirigieron hacia su residencia en Cambados. En el trayecto, Felisa Núñez manifestó que la criatura no le parecía su hija y al llegar a su domicilio descubrió, con gran sorpresa, que se trataba de un niño y no de la hija que había dado a luz. De vuelta al centro médico pudo subsanar el error.

C ▶
ABC

Desarrollo del tema

1. En inglés, escriba los titulares de los tres artículos de la página anterior.

2. ¿Qué clase de sucesos son los más frecuentes, relacionados con el tráfico? Dé varios ejemplos.

3. Lea el primer párrafo del artículo B y complete la historia con su imaginación.

4. Un suceso muy frecuente hoy día es el secuestro, sobre todo, de niños. ¿En qué consiste este crimen?

5. ¿Por qué razón la mayoría de la gente disfruta leyendo la página de 'sucesos'?

6. En España, 'El Caso' es un periódico que trata solamente de sucesos. En español, dé los titulares de una primera página imaginaria y un artículo de fondo.

7. Los desastres naturales suelen incluirse en las páginas de sucesos. ¿Cuáles son los más importantes y en qué consisten?

8. En las ciudades grandes abundan los sucesos criminales. ¿En qué consisten, generalmente?

9. ¿Cuáles son los sucesos más corrientes en las zonas rurales?

Tema de conversación

Cada uno de los presentes cuente un suceso interesante (dramático, criminal, ridículo . . .) en el que haya intervenido.

Las quince series del «gordo» se quedaron en Zaragoza

La noticia se extendió rápidamente, tan pronto como la radio anunció el número al que había correspondido el primer premio en el sorteo de la lotería celebrado ayer. Poco después se tendría confirmación de que el «gordo» había caído íntegro en nuestra ciudad; las quince series del mismo, más aproximaciones y centenas, fueron distribuidas por la administración número 10, de la plaza de Sas, regentada por doña Purificación Bayo Izquierdo.

A los pocos minutos de conocerse la grata noticia cambiamos unas palabras con el esposo de la encargada de la administración:

—Acabo de echar el cierre —dijo— y ya no volveremos.

No hubo manera de obtener más información. También resultó materialmente imposible localizar a doña Purificación Bayo Izquierdo. Como sucede todos los sábados, la administración cerró a hora temprana, como si el hecho de haber repartido el «gordo» careciera de importancia, y cada cual se fue a su sitio, sin dejar rastro alguno que sirviera de referencia.

En la puerta de la administración se colocó una lista provisional de los números premiados, tomados al oído, y ni siquiera se preocuparon de advertir —lo cual siempre suele ser un buen reclamo publicitario— que el premio «gordo» había sido repartido allí, íntegro, en todas sus series.

AFORTUNADOS EN EL BARRIO DE MONTAÑANA

Fue después cuando se supo de algunos afortunados con el «gordo», en el barrio de Montañana. Fue allí donde compraron sus décimos.

Al parecer, el «gordo» —el número 55.491— se halla bastante repartido, ya que la mayoría de las series fueron vendidas en décimos.

El hecho de ser sábado dificultó la localización de los afortunados con el primer premio, que seguramente habrán iniciado un feliz fin de semana.

En estas fechas veraniegas, de suyo tranquilas, la noticia del «gordo» en nuestra ciudad sirvió para que los comentarios giraran en torno a tan grata circunstancia. Esta vez, la diosa Fortuna se acordó de los zaragozanos. En total, se calcula en trescientos millones de pesetas los repartidos por la administración número 10, ya que a las quince series del primer premio hay que sumar las aproximaciones y centenas del mismo

Heraldo de Aragón

Vocabulary

El 'Gordo' - el primer premio en la Lotería
agraciado - que ha ganado un premio

Exercises

1. Give the English equivalent of:
    no hubo manera, un buen reclamo publicitario,
    bastante repartido, tan grata circunstancia.

2. Read the article and answer the following questions:
    a) How did people get to know about the prize?
    b) Why did the husband of the Lottery seller refuse to
       give any information?
    c) How did he react to having sold the first prize?

3. Translate the article into English.

4. Express differently in Spanish:
    a) *esta vez la diosa Fortuna se acordó de los
       zaragozanos.*
    b) *cambiamos unas palabras,*
    c) *acabo de echar el cierre,*
    d) *en estas fechas veraniegas, de suyo tranquilas,*
    e) *los comentarios giraron en torno a tan grata
       circunstancia.*

5. Translate into Spanish:
    It has been confirmed that the first prize in the National
    Lottery has come to our city, as we announced in
    yesterday's news. We now have more details about the
    circumstances surrounding the event. It seems that we
    nearly lost it to our neighbouring town, Huesca.
    Apparently, a Huesca gentleman had expressed interest
    in the number because its digits added up to 25, a
    number he considered lucky. However, he wanted the
    whole series of the number as he is the owner of a 'bar'
    and wanted to share it amongst customers and staff.
       One of the beneficiaries is the last student year (COU)
    at the Instituto Ramón y Cajal which has been buying a
    'décimo' ticket in each draw for the last seven months
    in the hope of getting a prize which would subsidise
    their school trip to Paris in two months' time. Now they
    are contemplating extending their trip to include Rome
    and Florence as well.

Un billete de Lotería

Vocabulario

quinielas (fpl) - pools
artículo (m) - entry, item

Notas

décimo (m) - a lottery ticket for a tenth of the value of the whole ticket
aproximaciones (fpl) - numbers before and after the *gordo,* which receive minor prizes
centenas (f) - all numbers whose last three digits coincide with the *gordo* and which also get some prizes
reintegro (m) - numbers whose last digit coincides with that of the *gordo* recover the price of the ticket
Administración (f) de Loterías - the National Lottery is a Spanish government monopoly and tickets are sold through outlets called *Administración de Loterías*

Desarrollo del tema

1. ¿Por qué razones cree usted que no se permiten las loterías en algunos países?

2. En España, la Lotería está administrada por el estado. ¿Cree usted que debería concederse este derecho a los particulares?

3. ¿Que juegos conoce usted parecidos a la lotería? Descríbalos.

4. Todos soñamos con recibir una gran fortuna por sorpresa. ¿Qué haría usted con ella?

5. ¿Qué diferencia hay entre la Lotería y las quinielas?

6. Hoy en día el Bingo se está convirtiendo en una de las diversiones preferidas de los españoles. ¿En qué consiste este juego?

7. 'El trabajo y la alegría son la mejor lotería.' ¿Está usted de acuerdo con este proverbio?

Tema de conversación

Deberían suprimirse los controles sobre las loterías y los juegos de azar.

19

La moda y la belleza

BOUTIQUE "GUY LAROCHE"

Guy Laroche está considerado, con justicia merecídisima, como uno de los grandes «monstruos sagrados» de la alta costura, aplicado a la alta difusión de la moda. Guy Laroche es el hombre que ha dado la vuelta al mundo con su deliciosa gama de perfumes y que viste a las mujeres más importantes del cine, las artes, la política y las finanzas. Y las viste a todas en exclusiva. Como exclusivos son también los modelos que usted podrá adquirir en cualquier centro de El Corte Inglés. El desfile con las últimas creaciones de Guy Laroche cerró con brillantez el pase de modelos del pasado jueves.

El estilo de Guy Laroche es inconfundible, un estilo que se ha paseado por las esferas más selectas del mundo entero. El traje sastre, del que Guy Laroche es uno de sus enamorados, ocupa un lugar primordial en sus colecciones.

También puede encontrar, la mujer que se viste en El Corte Inglés, los blazers listados a contraste, con faldas lisas, y los trajes de chaqueta de mil rayas y piqué, todos ellos creaciones exclusivas de Guy Laroche.

Pero también hay modelos Guy Laroche más desenfadados, como son los vestidos y pijamas de estampado perfil con cuerpo ablusonado, fruncidos por un cinturón. Abundan también los canesús variados, la manga hasta el codo y las faldas ligeramente fruncidas.

Al parecer, el maquillaje masculino se limita, de momento, a la escena y a los estudios de cine y publicidad. Regis, un artista del maquillaje, que ha cuidado el rostro de Mick Jagger, dice: «La mayoría de las estrellas del *rock* llevan ahora mucho menos maquillaje —si exceptuamos a los *punk*—.» Y Jair, un especialista en cosmética, que colabora periódicamente con los salones de Isaac Blanco, matiza: «Los hombres, por ahora, no están dispuestos a maquillarse. Es más práctico intentar convencerles para que en su rutina diaria incluyan productos limpiadores e hidratante simplemente.»

El maquillaje para las apariciones en televisión también se dosifica según las exigencias de la actuación. Explica Guillermo López, maquillador de Televisión Española. «Al presidente Suárez es muy fácil cubrirle sus defectos porque tiene una especial fotogenia de actor. A Felipe González, siempre cansado y con un estudiado abandono, hay que darle un toque ligero alrededor de los ojos y pasarle el piene. Con Carrillo, el problema es cuidarle las sombras de la cara y resaltarle sus ojos, tan expresivos. Y con Camuñas, el trabajo también es fácil y agradable: es un hombre siempre a punto, viste con gusto y se muestra simpático y extrovertido mientras se le maquilla», sigue explicando Guillermo López.

▲
A

El país

▲
B

El país semanal

74

Vocabulary

gama (f) - colección
desenfadado - poco formal
canesú (m) - pieza superior del cuerpo de un vestido
matizar - decir con más precisión

Exercises

1. What is the English equivalent of:
   *con justicia merecidísima, el traje sastre, faldas lisas,
   la manga hasta el codo, un estudiado abandono,
   siempre a punto, viste con gusto.*

2. Translate the first article into English.

3. Give a short précis in English of the second article.

4. Express the following phrases differently in Spanish:
   a) *viste a las mujeres en exclusiva,*
   b) *uno de los grandes 'monstruos sagrados',*
   c) *un estilo que se ha paseado por las esferas más
      selectas del mundo entero,*
   d) *los hombres no están dispuestos a maquillarse,*
   e) *pasarle el peine,*
   f) *un hombre siempre a punto.*

5. Translate into Spanish:
   In spite of all the efforts to avert it by the vested
   interests of the fashion industry, it is a fact that there
   is today a marked tendency to simplify clothes to the
   point where it is difficult to go any further. By far the
   most popular form of dress for the under-twenties in
   the last five years has been, and still is, the T-shirt
   and jeans, while women of all ages (and a few men)
   are taking to[1] the poncho, the kaftan and the djelaba
   with tremendous enthusiasm. And let us face it, all
   these garments are nothing more than a rectangular
   piece of cloth with a hole to put your head through.
   There is a whole generation of boys whose first
   experience of a jacket and tie (other than school
   uniform) is that of their first interview for a job or
   college, and girls whose idea of a dress is some sort
   of wraparound[2] in 'ethnic' cloth.

   [1]se están aficionando   [2]manto

Un buen traje

Hay trajes que no se arrugan, aunque conduzca de Madrid a Gerona sin levantarse del asiento.

© MMLB Secretariado Internacional de la Lana 78 B

A Gerona, 725 kilómetros: la ciudad más distante de Madrid.

Sin embargo, usted puede hacerlos conduciendo su coche, sin levantarse del asiento. Al llegar al hotel, por la noche, cuelga el traje. Y a la mañana siguiente, puede ponérselo sin necesidad de plancharlo, estando seguro que va a llamar la atención por la caída impecable de su traje, por la calidad que todos notarán. Así son los trajes FUENTECAPALA.

Y esto es posible gracias a que un tejido de Pura Lana

Virgen es lana cien por cien, sin ninguna ·mezcla. En otras palabras: es el pelo de la oveja. Y al igual que el pelo de la oveja —o el de cualquier ser viviente— se desarruga por sí mismo después de haber sido sometido a una presión, lo mismo sucede con los trajes hechos con lana.

Este año, la nueva colección de trajes Fuentecapala en Pura Lana Virgen presenta dibujos y tonalidades que van del beige claro al verde amusgado. Tendencias Trigal, Bosque, Mojácar... Sus diseños han sabido combinar con notable acierto, la calidad de las formas con una línea absolutamente actualizada: las solapas de los trajes Fuentecapala son algo más estrechas. También los bajos del pantalón, que además, lleva pliegues delanteros.

Usted va a reconocer inmediatamente estos extraordinarios trajes por las etiquetas Fuentecapala y Pura Lana Virgen, garantía única de las ventajas únicas de un buen traje.

fuentecapala ESPAÑA

PURA *lana* VIRGEN

Sí, la Lana es única. Y ésta es su única garantía.

El país

Vocabulario

arrugar - to crease
indumentaria (f) - clothing

Desarrollo del tema

1. ¿En qué manera cree usted que influye la ropa sobre el aspecto de las personas?

2. ¿Qué elemento de la indumentaria cree usted que es más importante? ¿Por qué?

3. ¿De qué manera ha venido el nylon a modificar la vida diaria de la gente en el mundo occidental?

4. Según el anuncio en la página anterior, ¿qué virtudes tiene la lana? ¿Se encuentran estas virtudes en los tejidos artificiales?

5. Todos sabemos que el maquillaje y el arreglo del rostro no es sólo de nuestros días. Describa maquillajes y pinturas tradicionales que usted conozca.

6. 'El rostro es el espejo del alma.' Haga un comentario apropiado a este proverbio.

7. Teniendo en cuenta los cambios que ha sufrido la moda en nuestra era ¿cómo cree usted que será en el año 2000?

Tema de conversación

Los hombres deberían cuidarse de su aspecto físico tanto como las mujeres.

20

La emigración

Los emigrantes españoles en Francia quieren ser "una fuerza de la cultura"

Tras un año largo de vida, la Casa de España en París es un exponente vivo de que, en efecto, los cuatro millones de españoles forzados al exilio para poder comer, olvidados de todos y para todo (salvo para que ingresen divisas), son mucho más que «un desgraciado en busca de mendrugo». La brillantez de la última exposición *(Nueve artistas «naif» españoles)* testimoniaría que algo bulle en el mundo de la emigración, despreciado como *cliente* y como motor de cultura.

El director de esta Casa de España (inaugurada por los Reyes en 1976, pero que se abrió en enero de 1978), Vicente Valero.

Pregunta. ¿Qué significa la Casa de España de París?

Respuesta. Es un centro cultural del Estado español, destinado a fomentar y propagar la cultura española y, con ello, propiciar la comunicación y la convivencia de los españoles residentes en el extranjero.

P. ¿Qué ideología anima la Casa?

R. Aquí se sirve a todo el pueblo español. Entre los once miembros del consejo de administración, elegido democráticamente, hay comunistas y socialistas, porque son los que más han trabajado en el medio emigrante.

P. ¿En qué aspectos considera más eficaz la labor de este centro?

R. Estimo que los más *sedientos* de una vida cultural autóctona son los hijos de los emigrantes, es decir, la segunda generación. Están enfrentados con una cultura diferente y podría decirse que son analfabetos en dos idiomas. Se sienten rechazados por la sociedad que los acoge y a los padres se les presenta una disyuntiva dramática: o vuelven a España (pero no hay trabajo) o esperan; así se produce el grave desarraigo cultural.

La Casa de España en París está abierta gratuitamente a todos los españoles. Desde que se inauguró acude a sus manifestaciones una media semanal de 3.000 personas (en la región parisiense viven 150.000 emigrantes). Su eco en París ya ha alcanzado a los propios franceses jóvenes que estudian español.

El país

78

Vocabulary

divisas (fpl) - dinero extranjero
mendrugo (m) - pedazo de pan
bulle - hierve, fermenta
medio (m) - ambiente
autóctona - de su propio país
disyuntiva - alternativa
desarraigo (m) - separación

Exercises

1. Give the English equivalent of:
   forzados al exilio, motor de cultura, propiciar la comunicación y la convivencia, se sientan rechazados, disyuntiva dramática, desarraigo cultural.

2. Read the passage on the previous page carefully and answer the following questions:
   a) For how long has the Casa de España in Paris been functioning?
   b) How many Spanish emigrants are there?
   c) What is the main reason for their emigration?
   d) What are the aims of the Casa de España?

3. Give a précis of the passage in English in no more than 200 words.

4. Express differently in Spanish:
   algo bulle en el mundo de la emigración, un desgraciado en busca de un mendrugo, una media semana.

5. Translate into Spanish:
   According to a report from the Psychiatric Centre for Spanish Immigrants in West Germany, 69% of the cases needing treatment were mainly due to maladjustment at work and in their studies, but also to their difficulty in adjusting to the German way of life.
   According to a psychiatrist working at the Centre, the root of the problem lies in the emigrant's inability or unwillingness to cut off cultural and emotional links with his country of origin. In this way, the emigrant ends up in total isolation, not able to relate to the popular culture of his country of adoption and physically separated from his own. This is a problem which treatment at a German Centre cannot solve.

Una encuesta entre los emigrantes

¿COMO UTILIZA SUS AHORROS?

COMPRAR PISO — 30,9%

AHORRO — 54,5%

NEGOCIO FAMILIA — 10,3%

EN BOLSA — 2,6%

P. 13.— ¿Cuáles son las causas que más le retienen en su país de residencia?

RESPUESTAS (*)	TOTAL	Alemania	5/10	América Sur	América Central
Me casé aquí	11,0	6,0	6,7	26,7	33,4
Me gusta este ambiente	12,7	9,4	10,5	23,6	20,9
Tengo un negocio aquí	5,8	0,9	1,6	39,4	37,3
No tengo empleo en España	52,4	62,9	64,5	13,9	16,4
Mis hijos son aquí felices	12,8	9,1	5,2	18,2	26,6
No me acostumbro a España	3,3	2,2	2,5	9,1	5,0
La jubilación	1,3	2,0	0,4		
Por el trabajo	2,7	3,3	3,1	1,2	2,3
Por estudios	1,4	2,6	1,5		0,3
Otras	8,3	9,7	9,7	9,1	10,1
No s/no contestan	4,9	4,0	4,9	5,5	1,6

Posible

Desarrollo del tema

1. Según el primer diagrama en la página anterior, explique como utilizan los ahorros los emigrantes españoles.

2. Si usted tuviera una cantidad de dinero considerable ¿cómo lo emplearía?

3. Estudie el segundo diagrama y en sus propias palabras explique las razones principales por las que algunos emigrantes no quieren volver a España.

4. Una proporción muy considerable de emigrantes va a los países latinoamericanos. ¿Por qué?

5. ¿Cuál es la causa de la 'emigración interna' (de áreas rurales a las ciudades) en España?

6. ¿Cuál es el resultado más notable de la 'emigración interna'?

7. Compare los beneficios obtenidos por medio de la emigración con las pérdidas.

8. ¿Qué problemas confrontan a la familia del emigrante el cual va al extranjero? Compare los problemas de la familia que va con los de la familia que permanece en su propio país.

9. ¿Qué tipo de trabajo suele ofrecerse a los emigrantes?

10. ¿De qué forma puede ayudar el gobierno a las personas de su propio país que tienen que emigrar al extranjero?

Tema de conversación

La emigración ¿puede ayudar de alguna manera la paz mundial?

Los conflictos laborales

La hostelería de Málaga irá a la huelga en Semana Santa

Los trabajadores de hostelería de Málaga se han manifestado a favor de la huelga durante la Semana Santa, como fórmula de presión para reanudar las negociaciones del convenio colectivo del sector, suspendidas hace unos días —tal como informó EL PAIS— como consecuencia de la disparidad de criterios entre ambas partes en relación a la cuestión económica y a las mejoras sociales reivindicadas por los trabajadores.

No se ha precisado con exactitud los días en que se llevará a cabo el paro laboral. Es posible que sea durante toda la Semana Santa o bien el domingo de ramos, para continuar el jueves hasta el domingo de resurrección. No se descarta, sin embargo, que la huelga pudiera desconvocarse si antes de Semana Santa se reanudasen las conversaciones.

Tan pronto como se conoció ayer la noticia de la posibilidad de la huelga, la preocupación se adueñó de todo el mundo turístico de la Costa del Sol, para el que una huelga en los días de Semana Santa, en los que los hoteles estarán prácticamente a tope, sería poco menos que catastrófica.

A
El país

Huelga en Ford España

Los 10.000 trabajadores de Ford España no acudieron ayer a la factoría de Almusafes, secundando la convocatoria de paro promovida por el comité de delegados en apoyo de la negociación del calendario laboral. Sólo unos doscientos entraron en la factoría, entre ellos un servicio de mantenimiento previamente seleccionado por el comité de huelga. Al igual que en el paro del anterior sábado, los mandos intermedios en su mayoría apoyaron la acción, pese a las presiones recibidas a lo largo de la semana.

El servicio de autobuses para transporte de la plantilla funcionó como un día normal, si bien los coches circularon vacíos. A la entrada de la factoría se concentraron varios centenares de trabajadores, entre ellos el comité de huelga y delegados, para controlar el desarrollo del paro, vigilados por la Guardia Civil, que no intervino. Miembros del comité de huelga solicitaron de la dirección autorización para revisar el interior de la factoría, petición a la que no accedió la empresa.

B
El país

Exercises

1. Give the English equivalent of:
    hostelería, fórmula de presión, disparidad de criterios, mejoras sociales, secundando la convocatoria de paro, mantenimiento.

2. Read article A carefully and answer the following questions:
    a) At what time of the year do the catering workers intend to go on strike?
    b) What are they trying to achieve by means of the strike?
    c) How long do they intend it to last?
    d) Could it still be called off?
    e) Why are people in the Costa del Sol so worried about it?

3. Write a précis of article B in English.

4. Translate into Spanish:
    Spain is the latest arrival in the league of democratic countries and, as a result, workers of every possible kind and calling are grabbing the opportunity of forming their own independent unions. In most countries, people are quite familiar with unions such as those of the transport and general workers, miners and dockers. But, in Spain, the wish to form a union seems to have affected even the most unlikely groups. For example, there is a union of prisoners (COPEL) which manages to call on its members for strikes, protests, demonstrations, etc. There are unions of policemen, very militant unions of teachers (including university teachers) and one almost as unusual as the COPEL - that of the footballers, the AFE.
    As a result of strike action by the AFE some months ago, empty football pitches witnessed most extraordinary scenes: referees signing the minutes for matches which did not take place.

Essay topic

Consulte el periódico y entérese de las circunstancias de una huelga cualquiera. Luego, en sus propias palabras y con ayuda del vocabulario, descríbala.

Comunicados de uniones

La Asociación de Empresas de Instrumentación Científica, Médica y Técnica

INFORMA

a los beneficiarios de la Seguridad Social y a la Opinión Pública

QUE A PETICION DE LOS MAS ALTOS CARGOS DEL MINISTERIO DE SANIDAD LAS EMPRESAS QUE FORMAN ESTA ASOCIACION *NO* LLEVARAN A CABO LA PARALIZACION DE ACTIVIDADES ANUNCIADA PARA LOS DIAS COMPRENDIDOS ENTRE EL 30 DE ABRIL Y EL 9 DE MAYO

La anunciada paralización de actividades de las empresas integradas en la Asociación de Empresas de Instrumentación Científica, Médica y Técnica no se llevará a cabo ante la expresa petición, en este sentido, de las más altas jerarquías del Ministerio de Sanidad, a través del Director General de Régimen Económico de la Seguridad Social personalmente.

Esta petición ministerial ha llegado acompañada de las garantías precisas para lograr una solución de los graves problemas que tienen planteadas las empresas que forman parte de la Asociación.

◄ A

El país

COMUNICADO DEL COMITE DE HUELGA DE ARTES GRAFICAS

Después del contacto mantenido con el Director General del Trabajo en la tarde del día 4, informamos a todos los trabajadores y a la opinión pública:

PRIMERO: Que la asistencia de trabajadores gráficos a la concentración en el patio del Ministerio de Trabajo fue una acción más de responsabilidad y lucha por su Convenio, igual que lo ha sido los dos días de huelga, secundada masivamente en todo el país.

Denunciamos la actuación de la Fuerza Pública que, siguiendo instrucciones del Gobierno Civil, estuvo a punto de originar serios problemas de orden público al disolver esta concentración absolutamente pacífica. Problemas que fueron evitados gracias a la serenidad y firme postura de los Trabajadores.

SEGUNDO: La Patronal, en el día de hoy, demostró, una vez más, sus intenciones: incapaz de entrar en una negociación seria, todo su propósito era lograr la declaración de conflicto colectivo, que, en caso de no avenencia entre las partes, conduciría a un laudo de obligado cumplimiento.

TERCERO: Este Comité de Huelga muestra su extrañeza por la presencia, en la puerta del Ministerio, de una «Organización Sindical (USO)», que no sólo no se sumó a la convocatoria de huelga, sino que además ha hecho todo lo posible por romperla, lográndolo, en parte, en Asturias y Cádiz. Sin embargo, en otras provincias sus afiliados no han hecho caso de las directrices de esta «Central» y secundaron la huelga, como en Murcia y Valencia. Mayor extrañeza causó el intento del ordenanza del Ministerio de imponer a dos miembros de USO en el Comité de Huelga, entregándoles las credenciales de entrada. Este intento fue anulado a causa de la negativa firme del Comité de Huelga.

CUARTO: El tema de fondo de esta reunión era impedir la declaración de conflicto colectivo pedido por la Patronal y, según nuestra postura, entrar en una nueva fase de negociación para lograr la firma de un convenio justo que evite conflictos sindicales y laborales en el sector. Así se lo expresamos al Director General de Trabajo y, como la Patronal ya se había ausentado, el Director General de Trabajo, en uso de sus atribuciones, ha prometido realizar gestiones para que ambas partes se sienten a negociar.

QUINTO: Mientras esta solución no se logre, nos mantenemos en la convocatoria de huelga legal para los próximos días 9 y 10 y 15, 16, 17, en la que confiamos en la respuesta masiva de los trabajadores, al igual que en los pasados días 3 y 4.

En Madrid celebraremos Asamblea General Informativa el lunes día 7, a las 7.30, en el Pabellón de Agricultura del Recinto Ferial de la Casa de Campo. Esperamos a los varios miles de gráficos madrileños.

◄ B

El país

Vocabulario

English equivalents of the terms used in this topic:
paro (m) - stoppage, unemployment
huelga (f) - strike
convenio colectivo (m) - collective bargaining
convocar (m) - to call (a meeting, a strike, etc.)
desconvocar - to call off
delegado (m) - delegate, representative
mando intermedio (m) - shop steward
plantilla (f) - regular workers
patronal (f) **(unión)** - bosses' union
conflicto colectivo (m) - collective labour conflict
laudo de obligado cumplimiento (m) - arbitration award
reivindicación (f) - claim

Desarrollo del tema

1. Lea el primer anuncio de la página anterior y, en sus propias palabras, dé un resumen del mismo.

2. ¿Cuáles, en su opinión, son las causas principales de las huelgas?

3. ¿Cuál es la diferencia entre la huelga y el paro obrero por desempleo?

4. ¿De qué manera ayudan hoy día los gobiernos a los trabajadores que sufren desempleo?

5. ¿Cree usted que los que trabajan en profesiones tales como la medicina, la enseñanza etc. tienen derecho a la huelga?

6. ¿Qué papel desempeñan los piquetes en una huelga?

7. ¿Qué alternativas a la huelga puede haber en un país democrática?

8. En la Edad Media, las uniones laborales ya existían, bajo otro nombre. ¿Qué sabe de ellas? ¿Cómo se llamaban y en qué consistían?

Tema de conversación

Una huelga de todo el transporte. ¿Cuáles son sus consecuencias inmediatas?

La nueva selección argentina, continuadora de la campeona del mundo

La selección argentina, campeona del mundo, que no había vuelto a jugar desde el 25 de junio de 1978, en que consiguió el título ante Holanda, tras nueve meses de inactividad total, lo hizo ante Bulgaria y ganó por 2-1. Ahora tiene una serie de objetivos inmediatos y una meta-obsesión a largo plazo: España-82.

La nueva selección del fútbol argentino será, sin duda, continuadora de la que obtuvo la Copa del Mundo. Ratificado Menotti en su cargo de director técnico y conocida la nómina de futbolistas que iniciará el duro camino de la defensa del título, todo indica que la selección argentina mantendrá el estilo y la filosofía que el mundo admiró el año pasado. Hay caras nuevas y ausencias un tanto inesperadas, pero la columna vertebral de los campeones está intacta. Son veintitrés, en total, los jugadores convocados, y entre ellos no figuran, por el momento, quienes militan en equipos del exterior

Algo que ha llamado la atención es la convocatoria de Enzo Trossero y Jorge García, teniendo en cuenta que los dos futbolistas han acordado enrolarse en equipos del extranjero al concluir el campeonato metropolitano. García, por ejemplo, tiene ya firmado un precontrato con el Barcelona; su club, el Rosario Central, está a la espera de los dólares. Tal vez esté en el ánimo de Menotti enfriar dichas negociaciones, que sintetizó la filosofía de su selección diciendo: «En el fútbol, para formar un buen equipo hay que empezar por tener buenos solistas. Comparándolo con la música, cada instrumentista debe conocer las leyes de la armonía, saber qué es un silencio. Después se le explica su función en la orquesta, pero para integrarla tiene que ser músico...»

Argentina aprovechará ahora su viaje a Europa para enfrentarse a las selecciones de Italia, Irlanda y Escocia. Luego vendrá la Copa de América, en cuya primera fase deberá enfrentarse a Brasil y Bolivia. Esto ocurrirá entre julio y agosto. En septiembre, la selección de Menotti volverá a Europa para cumplir varios compromisos. Y para 1980 ya está casi concertada la revancha tan esperada: Argentina se enfrentaría, doce años después, a Inglaterra, su vencedora en aquella oportunidad, en Wembley, el templo del fútbol.

El país

Vocabulary

meta (f) - aquello que se trata de alcanzar
nómina (f) - personal

Exercises

1. What is the English equivalent of:
   campeona del mundo, cumplir varios compromisos,
   ya está concertada la revancha, el templo del fútbol.

2. Give a) the usual meaning, and b) the meaning in
   context of:
   selección, columna vertebral, militan.

3. Translate into Spanish:

   FOOTBALL NEWS
   Spelling   A sports journalist has complained recently
   about the difficulties in reporting the results of a
   match to his newspaper headquarters over the
   phone. Problems arise when he has to pronounce the
   exotic surnames of the team - amongst others,
   SZEBEGYINSZKY of the Hungarian team and
   VUJADINAVIC of Dynamo of Zagreb.
   International   The Vasos of Budapest played
   Sarajevo in what could be called a first class show of
   football. Not much for defence to do. The ball went
   from one goal to another, giving the keepers a
   chance to show some excellent style. The match
   ended Vasos - 3, Sarajevo - 2.
   Scotta to leave Seville Football Club   Scotta has
   stated in an interview with ABC that he intends to
   return to the Argentine at the end of this year. He
   assured the journalist that he had never asked for 35
   million pesetas to stay. 'In fact,' he added, 'I almost
   had a fit when I heard the amount suggested.'

Essay topic

Es el último partido en la Copa Mundial de Fútbol entre
los dos finalistas España contra Inglaterra. Describa el
partido con los incidentes antes y después del mismo
(himnos nacionales, entrega de la Copa, etc.).

El Real contra el Atlético

Primas abultadas: 150.000 para los rojiblancos y 120.000 para los madridistas

El Atlético, con afán de revancha copera en el Bernabéu

ALINEACIONES

REAL MADRID		AT. DE MADRID
Molowny	Ent.	Szusza
García Remón	1	Aguinaga
San José	2	Marcelino
Isidro	3	Sierra
Pirri	4	Arteche
Benito	5	Pereira
Del Bosque	6	Robi
Juanito	7	Guzmán o Ayala
Wolff	8	Leivinha
Santillana	9	Rubén Cano
Stielike	10	Marcial
Aguilar	11	Rubio
Maté	PS	Pacheco
Sabido	12	Ruiz
G. Hernández	14	Capón o Bermejo
R. Martínez	15	Ayala o Guzmán

Campo: Santiago Bernabéu. Hora: 16.30. Arbitro: Jiménez Sánchez, del colegio murciano.

Las gradas del campo van a llenarse ante el encuentro Madrid-Atlético. Pese a ello, no habrá récord de recaudación; a lo sumo, veintisiete millones de pesetas, porque los socios no pagarán. Las primas, en caso de victoria, van a ser también elevadas, ya que se han visto dobladas por la importancia del choque para ambos equipos: 120.000 pesetas para cada jugador madridista y 150.000 para cada jugador atlético; los entrenadores, como es costumbre, tendrán prima doble.

Real Madrid y Atlético están separados en la clasificación por seis puntos. En el partido de ida hubo empate a dos, por un penalti contra los madridistas en el último minuto. Las alineaciones están prácticamente decididas. Es en el Atlético donde existen mayores dudas, máxime porque sobra un jugador. Sólo pueden vestirse quince y Szusza convocó a dieciséis. La duda puede estar entre Capón y Bermejo.

El partido de esta tarde hace el número 88 de las confrontaciones entre los máximos rivales.

El país

Desarrollo del tema

1. El Real Madrid y el Atlético son dos clubs de fútbol madrileños. ¿De qué manera afecta esto la calidad de un partido entre los dos?

2. Todos sabemos lo que es el fútbol pero ¿podría usted describirlo?

3. ¿Qué piensa usted de las primas (bonuses) en el fútbol? ¿Son necesarias?

4. El profesionalismo contra el 'amateurismo'. Explique las ventajas e inconvenientes del uno y del otro.

5. ¿Es importante el papel de un entrenador? ¿y el de un árbitro? ¿Qué hacen?

6. ¿Qué deportes conoce usted parecidos al fútbol? ¿Cómo se llaman y en qué consisten?

7. ¿Qué virtudes sociales tiene el fútbol?

8. ¿Hay alguna relación directa entre el fútbol y el vandalismo?

9. ¿Por qué hay muchas personas que prefieren ir a un estadio a ver un partido de fútbol cuando se puede ver en directo en la televisión?

Tema de conversación

La Copa Mundial tiene como uno de los objetos principales estimular la amistad entre los distintos países. ¿Ocurre siempre así?

La URSS vive el invierno más frío del siglo

Cuarenta y cinco grados bajo cero en Moscú

Las bajas temperaturas del invierno ruso las ha sentido este corresponsal en su propia salud. Después de dieciséis meses de estancia en la Unión Soviética y de presumir de haber estado en Siberia y en el Artico, al final, la fuerte temperatura de Moscú me obligó a mantenerme bien arropado durante varios días en la cama. Al notar cierta mejoría y levantarme anteanoche para cenar, durante diez minutos se quedó semiabierta una ventana del dormitorio. Al regresar, un vaso de agua mineral que había quedado sobre la mesilla de noche estaba totalmente congelado y el cristal a punto de quebrarse.

La situación ayer en la ciudad ha sido especial. La circulación disminuyó en más de un 70%. Solamente autobuses, camiones, coches oficiales y taxis circulan por las calles casi abandonadas.

Los problemas del frío en la Unión Soviética están resueltos, hasta cierto punto. Norma general es que cierren los colegios para los niños menores de diez años y el consejo de que éstos no salgan de sus casas en prevención de enfermedades. En la mayoría de las viviendas y edificios comunales funciona la calefacción central. En previsión de los caprichos del tiempo, en Moscú se mantienen especiales depósitos subterráneos con las necesarias reservas de combustibles para las centrales de calefacción.

En las viviendas, los sistemas de calefacción están ajustados de modo que durante las veinticuatro horas se mantenga constante la temperatura correspondiente a las normas recomendadas por los médicos, veinte grados. Sin embargo, en estos días, nuestras habitaciones mantienen una temperatura entre los dieciséis y los dieciocho grados.

El país

Exercises

1. Give the English equivalent of:
   las bajas temperaturas del invierno ruso, al notar cierta mejoría, las necesarias reservas de combustibles.

2. Read the passage and answer the following questions:
   a) For how long has the correspondent been in the Soviet Union?
   b) What sent him to bed?
   c) Why did he get up?
   d) What happened to his bedside glass of water?
   e) How do they solve the heating problem?

3. Translate the passage into English.

4. Express differently in Spanish:
   a) *los sistemas de calefacción están ajustados de modo que se mantenga constante la temperatura,*
   b) *en previsión de los caprichos del tiempo,*
   c) *las normas recomendadas por los médicos.*

5. Translate into Spanish:
   The recent heatwave which has affected all the south of Spain has had unprecedented consequences. Practically all the summer crops have been lost, the region of Almería being perhaps the one with the most to lose. Its world-famous grapes were scorched by the heat, with an estimated loss of sixty million kilos.

   In some of the inland villages in this region, temperatures reached 50°C, causing a few public thermometers to burst. On the coast, they suffered from the notorious sandy wind from the Sahara Desert for thirty six hours. Almería and other coastal towns were totally covered in a strange cloud of red dust which darkened the sun for over two hours.

   In the Lorca area, the heat was so intense that many animals died from asphyxiation – especially rabbits, poultry and pigs.

   The local authorities of several towns and villages have asked the Government to declare the region a disaster area.

Essay topic

La influencia del clima sobre el turismo de masas

El verano

En el campo se continuó el trabajo

En Córdoba se sobrepasaron ayer los 45 grados a la sombra

Ayer, a las 6,30 de la tarde, el termómetro marcó 45,4 grados centígrados en el aeropuerto de Córdoba, de esta forma se alcanzaba la temperatura más alta que se recuerda en esta ciudad desde hace muchos años. A tenor de este dato, y si se tiene en cuenta que la temperatura en la capital supera generalmente en cuatro o cinco grados la que registra el observatorio del aeropuerto, es probable que Córdoba superara ayer los cincuenta grados a la sombra. Con esta situación climática, y en contradicción con el tópico de la falta de laboriosidad de los andaluces, continuaron en las campiñas del Guadajoz y del Guadalquivir las tareas de recogida de remolacha.

Esta ola de calor, cuyos efectos provocaron que dos personas tuvieran que ser atendidas en el Hospital General, ha sorprendido a los cordobeses. En los últimos años no se habían padecido temperaturas similares. Durante el verano pasado la máxima a la sombra no superó los 38 grados. En 1976 no se sobrepasaron los cuarenta grados.

Un dato elocuente de este fuerte calor es la frecuencia con que se pueden encontrar en las calles cordobesas pájaros muertos por asfixia.

▲
A
El país

C ▶
El país

En la Costa del Sol

En marcha el seguro contra la lluvia

Málaga, 23. — Después de dos años de estudios entre economistas y meteorólogos y llevado el tema a la Dirección General de Seguros se ha puesto en marcha el seguro de lluvias en vacaciones con hoteles de la Costa del Sol.

Esta será la primera experiencia en este tema, si bien ya había algo en los Estados Unidos y en Europa. Anoche se firmó el contrato. Hasta ahora son siete los hoteles de la Costa que lo han firmado.

En términos generales, el seguro tiene vigencia desde las 8 de la mañana hasta las 8 de la tarde y se puede asegurar una estancia entre 5.000 y 200.000 pesetas. Se considera un día lluvioso en la Costa del Sol el 0.1 por ciento de agua por metro cuadrado. — Logos.

◀ **B**
La Vanguardia

Desarrollo del tema

1. ¿Hay alguna relación entre la laboriosidad y la temperatura?

2. Describa usted el tiempo más caluroso que usted haya experimentado y el más frío.

3. En su opinión, ¿cuál es el clima ideal?

4. Además del seguro turístico contra la lluvia, ¿qué otros seguros existen o podrían existir relacionados con el tiempo?

5. ¿Qué clase de tiempo es peligroso para el tráfico por carretera?

6. ¿Qué imprudencias pueden causar incendios forestales?

7. ¿Por qué los boletines meteorológicos son tan importantes para los marineros?

8. La calefacción central y el aire acondicionado. ¿En qué consisten, cuándo y dónde son más útiles?

9. Describa el clima de su país.

10. Describa el clima en el centro de España.

11. ¿Por qué la gente habla del tiempo cuando no sabe de qué hablar?

12. ¿Qué es necesario hacer cuando le sorprende a uno una tormenta en el campo?

Tema de conversación

¿Para qué sirve el boletín meteorológico?

Acknowledgements

We are grateful to the following for permission to reproduce copyright material:

ABC/Presensa Española S.A. for extracts from *ABC* April 5th, 1978 and July 6th, 1978 © ABC/Presensa Española S.A.; Agencia Efe S.A. for an extract which appeared in *ABC* April 8th, 1978 © Agencia Efe, Spain; Cambio for extracts from *Cambio* June 11th, 1978; El País for extracts from *El País*, Madrid July 18th, 1978, August 5th, 1978, October 8th, 1979, November 19th and 26th, 1978, December 17th, 24th and 31st, 1978, January 7th and 21st, 1979, March 4th, 6th, 11th and 25th, 1979, April 1st and 29th, 1979 and May 6th, 1979; El País Semanal for extracts from *El País Semanal*, Madrid July 30th, 1978, December 17th, 1978, February 18th, 1979 and March 25th, 1978; Espacios Escénicos S.A. for an extract from the Opera programme of the 'Parisina D'Este' by Donizetti; Estación Biológica De Doñana for extracts from 'Regulations for Visitors to the Reserve'; Heraldo de Aragón for extracts from *Heraldo de Aragón* Zaragoza, Spain July 12th, 1978, August 5th and 6th, 1978.
Whilst every effort has been made, we are unable to trace the copyright owner of an extract from *Diario* 16 August 24th, 1978 and would appreciate any information which would enable us to do so.

We are grateful to Professor J.A. Valverde and Estación Biológica de Dōnana for permission to reproduce the drawing on page 48 and to Keystone Press Agency for the photograph on page 52.

LONGMAN GROUP LIMITED
Longman House
Burnt Mill, Harlow, Essex CM20 2JE, England
and Associated Companies throughout the World

First published 1981
Second impression 1983
ISBN 0 582 35316 5

Set in 9/11 point Univers (55) Medium, Linotron 202
by Bookmag, Henderson Road, Inverness

Printed in Singapore by
Ban Wah Press